■《成功家庭教育》系列丛书

我是这样考入清华北大的

燕园双成教育　编著

北京大学化学与分子工程学院·郭怡彤同学：
　　我的座右铭是"我想干什么就一定干成功。"对于自己认定的事情，我会全力以赴，争取做到最好。在我的成长道路上，这种执着甚至是倔强的性格帮我克服了许多困难，也带给我很大的成就感。能够进入北大，也的确是进行了一番努力拼搏。我的青春因拼搏而无悔！

中国农业科学技术出版社

图书在版编目（CIP）数据

我是这样考入清华北大的/燕园双成教育编著.－北京：中国农业科学技术出版社，2014.5
ISBN 978－7－5116－1610－4

Ⅰ.① 我… Ⅱ.① 燕… Ⅲ.① 中学生—学习方法 Ⅳ.① G632.46

中国版本图书馆CIP数据核字(2014)第075710号

图书策划	燕园双成教育
责任编辑	李 雪 穆玉红 胡 博
责任校对	贾晓红
版式设计	艺美特文化传播有限公司
出　　版	中国农业科学技术出版社
	北京市中关村南大街12号　　　　邮编：100081
电　　话	（010）82106626　82109707（编辑室）
	（010）82109702（发行部）　82109709（读者服务部）
传　　真	（010）82106650
网　　址	http://www.castp.cn
经　　销	各地新华书店
印　　刷	北京地大天成文化发展有限公司
开　　本	710mm×1000mm　1/16
印　　张	14.75
字　　数	190千字
版　　次	2014年5月第1版　2021年4月第3次印刷
定　　价	48.00元

※※※※※ 版权所有·翻印必究 ※※※※※

目 录

序 | 什么样的学生是优秀学生、尖子学生

002 | **从淇水到燕园**
002 | 有梦想的人都是崇高的
003 | 幼年：为什么小时候会喜欢去上学
005 | 小学：成绩不好的孩子是不被父母喜欢的
007 | 初中：当一个人拼命做某件事时，对周围影响很大
012 | 高中：也会有考试考到恶心的时候

024 | **理想在某个时刻开始生根发芽**
024 | 让我们忠于理想　让我们面对现实
025 | 幼年：与书本打交道的童年
028 | 小学：哪怕一次第二名都会让我难过很久
029 | 初中：莫名地生出几分自豪与骄傲
032 | 高中：做了很多同龄人想做却不能做的事
040 | 创业：收获一个更好的自己

044 | 想干什么就一定干成功

044 | 我的青春因拼搏而无悔
045 | 幼年：妈妈同事家的小妹妹
046 | 小学：心里满是兴奋和成就感
053 | 初中：每次都是全年级第一名
059 | 高中：树立了要上清华北大的梦想
064 | 考上北大的都是精英

068 | 当优秀成为一种习惯

068 | 对成功有着极大的渴望
069 | 幼年：我喜欢上了优秀的感觉
072 | 小学：每件事我都要把它做到最好
076 | 初中：形成了良好沟通的习惯
079 | 高中：这就是我想要的那个方向
083 | 在清华：人生一种新的可能

088 | 误打误撞进北大

089 | 幼年：一段45°的小坡
090 | 小学：咱们不追求比她好的成绩
094 | 初中：真正学习和起步的时期
099 | 高中：在很长一段时间里只做一件事
106 | 生活在多年后给了我一个惊喜

110 | 青青子衿　悠悠我心

110 | 幼年：比老师还多数出了一个

| 112 | 小学：沉浸在书本的世界中
| 116 | 中学：一条美好的路途在我面前展开
| 125 | 在清华：开始追逐理想的旅程

梦想可以很远大

| 134 | 手中的事坚持干到更好
| 135 | 幼年：寓教于乐　乐在其中
| 136 | 小学：和小伙伴们打成一片
| 138 | 初中：学习变成了一个很有动力的事
| 146 | 高中：放弃了复旦大学自主招生的名额
| 154 | 独具特色的"一塔湖图"

对自己应该完成的事负责

| 158 | 幼年：班上年级最小的小朋友
| 160 | 小学：一直有着十足的自信
| 163 | 初中：与小学有根本的不同
| 169 | 高中：一切都是在顺理成章的过程中得到
| 172 | 在清华：一生都值得托付

闭上眼睛展现不一样的世界

| 176 | 背着算盘自豪地上学
| 177 | 幼年：只需在玩耍和哭闹中慢慢成长
| 179 | 小学：阳台可以看到两个学校的大门
| 183 | 初中：一下子成为了年级里的名人
| 190 | 高中：友情是舒缓压力的快效药

194 | 大学是人生最美好的阶段

198 | 不忘初心　方得终始

198 | 学会用双眼去看世界
199 | 幼年：我开始相信自己的审美
202 | 小学：一直把这个校徽放在台灯上
206 | 初中：同学们都是努力考进来的
211 | 高中：零志愿报考了清华的建筑系
216 | 清华是一个适合做梦的地方

219 | 后　记

序：什么样的学生是优秀学生、尖子学生

这是一个不小的"话题"。有一个相对公平、社会认可的标准，但又充满争议、正在改革，这就是高考。

无疑，北大清华学生是高考的成功者，他们是全国数百万考生中分数最高的几千人，他们往往是学弟学妹们学习的榜样、家庭的骄傲、中学母校的光荣与教育主管部门的"政绩"。他们的"成功"原因何在？

是天资聪明、智商很高？

是成绩一贯优秀？

是总是遇到指点迷津的"名师"？

是家境殷实、父母教导有方？

在教育领域中分析北大清华学生或高考状元学习方法的书籍、资讯不少，但本书却能给读者新的感悟、新的视角、新的借鉴与思考。这是一本不但对中小学生，而且对家长、对所有教育工作

者、从业者都有启发的读本——答案请在对本书的阅读、品味中寻找。

"北大学生在中小学阶段学习素质养成与成功家庭教育研究"课题组（"专攻北大"课题组）多年的调查、研究表明：

素质教育不应与应试教育割裂与对立，能够对应试教育产生积极、有效、实际影响的素质，才是中小学生应当养成的真正素质。北大清华学生的突出特点是：他们热爱学习、勤奋学习、高效学习并勇于面对考试的竞争与压力，这些特点构成了他们综合素质中"核心学习能力"的主要内容。

北大清华学生优异出众的考试成绩背后，是他们牢固扎实的学科基础、全面贯通的知识结构及运用这些知识的综合能力——如学习中的记忆、理解、分析与逻辑推理能力；复习中的归纳、总结能力；考试中的答题方法与技巧等。这些能力的养成，取决于他们勤奋刻苦的学习态度、目标明确的学习动机、自觉高效的学习习惯与稳定过硬的考试心理状态；更取决于长期、全面、科学与细致的教育影响——学校教育与家庭教育。

他们为社会公认的最大特长是拥有极其出色的学习（考试）能力，即我们所称的"核心学习素质"。这种素质使他们一直保持着良好的学习态度与学习习惯，而养成这种态度与习惯的关键，在于他们拥有高出同龄人平均水平的"非智力"素质——即在道德品质、角色定位、自我认知、价值观念与动机等方面的综合素质。

本书由"燕园双成教育"团队的老师们从数十名清华北大学生的稿件中精心选编而成。清华北大这些尖子学生们用朴实、生动的语言，回顾、分享了他们从幼年到高中的学习体会与成长经历,真诚而有借鉴意义。

本书告诉我们,学习"这件事":

既是术,也是道;

既是方法、策略、技巧、习惯,更是知晓、领悟;

既是学习,更是成长;

学习还是创造性思维品质的构筑与个性特征、成功人格的塑造过程;

学习是一种自觉的、高效率、有计划、有目标的行动,更是理想树立、兴趣培养、动机诱导、自我认知清晰化的过程,是一种从争取优秀、保持优秀到习惯优秀的"轨迹";

学习是自我完善、自我成长、自我的社会化,更是从知人者智、自知者明到自立者存、自胜者强的境界升华,是未来卓越人生、奉献社会、报答父母的阶梯与平台。

清华北大学生高考成功的背后,是家庭教育与学校教育相互配合、素质教育与应试教育相互支撑、特别是使素质教育内容直接为应试教育目标服务的成功范例。

他们的案例表明:好学生固然是好学校、好教师"教"出来的,也是好家庭、好家长"育"出来的,但最终还是要靠自觉的好学生"学"出来的——有标准、有规律、有方法、有技巧地"学"。

他们的案例还表明:

第一,智力水平并不是影响学生成绩的主要因素。

第二,可以通过非智力因素的塑造,培养强大的学习能力,促进智力因素的发展。

第三,学生素质养成的基础在家庭,但家庭教育不能"孤立",必须与学校教育、社会教育相结合。

第四，动机、个性特点、自我认知、价值观等非智力因素是影响学生知识与技能的主要因素。

第五，在意志力、控制力、观察力、注意力、想象力、纪律性、独立性等个性特点上有突出表现的学生（要系统观察、培养），才能形成良好的学习习惯；各科教师与家长共同负有培养孩子学习习惯的责任。

第六，在学生成长的过程中，通过创造契机，引领自悟、顿悟，对自己的未来发展有明确的认知和期盼，并在此基础上产生一系列的积极的学习行为——这是非常重要的教育手段，也是精英学生"涌现"的关键要素。当然，家长、班主任和所有学科的教师都要对此予以高度重视并且在教育的相应过程与环节中切实实施。

第七，在对学生的智力因素培养中，应当兼顾思维力、记忆力、注意力、观察力和想象力。在思维力的培养过程中重点是思维品质的培养。即"核心学习能力"，既表现为学生良好的行为习惯，也表现为良好的思维习惯。而思维品质的培养首先要注重培养学生思维的深刻性，其次兼顾灵活性、敏捷性、批判性、创新性。

第八，从培养学生的思维品质为出发点，从学习动机、兴趣、习惯、方法等角度，突击一门、反复强化学生的综合学习能力，包括学科基础知识的掌握能力（预习、听课、思考）、个人计划的制定与执行能力、考试竞赛能力、考后总结规律、自我提升反思能力等，是尖子生的"共性"。

第九，通过学习内容的设置和对学生积极有效的管理，可以培养学生的非智力因素并以此促进学生智力因素的发展，使非智力因素的培养与智力因素的培养、学习认知系统与学习动力系统相互促进、共同发展。使每个学生都要想清楚以下问题。

序：什么样的学生是优秀学生、尖子学生

为什么学习？
要学习什么？
如何来学习？

为什么很多同学"聪明不上进"或"勤奋不得法"？
请记住德国哲学家伊曼努尔·康德的话：
没有目标而生活，恰如没有罗盘而航行。
也请记住孔子的名言：
知之者不如好之者，好之者不如乐之者；
学而不思则罔，思而不学则殆。

清华北大学生是这样"学"的：
他们有坚定明确的学习目标——动机与兴趣。学习动机的激发，有助于巩固学习目标，保持学习兴趣，挖掘学习潜能，培养主动意识。动机与兴趣是成功学习的发动机；
他们有勤奋刻苦的学习态度——价值选择。意志坚定、顽强努力是确保勤奋学习的源泉；
他们有自主自觉的学习习惯——学习行为"自动化"。随时制定、更新符合自身学习目标的计划并专心、高效地执行、完成；
他们有科学高效的学习方法与策略——应试体制下的竞争能力。预习、听课、笔记、提问、复习、考试、总结，自如地把握各学科，多通道、多思路地勤学、巧学——科学方法是成功学习的地图。
这就是一种"核心学习能力"的表现——自省能力、自主能力、计划能力、执行能力！
所以，清华北大的学生是：
一群学习成绩好的人，更是学习能力强的人；

一群学习目标明确的人，更是学习动机强烈的人；

一群适应应试环境的人，更是在成就动机驱动下，不断追求卓越的人；

一群不太让父母操心，更是让老师放心的人。

北大清华学生中中小学阶段的综合素质（特征）表现是：

智力发育方面——记忆力强；注意力可以长时间集中；理解能力强，能够灵活地运用知识解释、分析、解决实际问题；明显具有逆向思维和发散思维的特征。

思维品质方面——与同龄学生相比具有深刻、敏捷、灵活、批判、创新的能力。

知识结构方面——掌握知识牢固、扎实、全面、广博、不偏科，无明显的知识漏洞。

人格特征方面——初步具备成功者的人格特征，即：自信、谦虚（服从）、细心（认真）、意志顽强、有计划性、有自制力、有竞争心（有上进心）、有创造力且为人诚实。

学习动机方面——有强烈的学习动机，自主、自觉、自愿，能够从学习中获得成就感——成就动机强烈。

学习能力方面——有浓厚的学习兴趣，高效的学习策略，严谨的学习习惯，自觉的计划意识以及对计划的执行能力（效率与时间管理），实际且有效的"解题能力"。

心理素质方面——稳定，特别是有应对困境、应对挫折（以及重大考试）的自我调解能力。

自我认知方面——明确，即在学习行动中以最优秀学生的高标准要求自己，能学习别人、检讨自己，从争取优秀最终到习惯优秀。

价值取向方面——积极，有远大的人生理想与明确的奋斗目标，以价值理性对待知识的学习。

……

动机源于需求，人的社会动机实际上包含三种重要的高层次寻求：

亲和需求——建立友好、和谐、温暖、亲密人际关系的需求；

权力需求——影响、支配、控制他人的需求；

成就需求——争取成功、期盼最佳结果并以此为荣的需求。

从亲和动机到成就动机：如何保持学生持久的学习动力是学生成功的关键（顿悟契机：挖掘与即时激励）。

具有强烈成就动机的人，他们勇于挑战、敢于竞争、事业心重、进取心强、判断准确、心理稳定，愿意通过自我主导的自身努力去实现预设的目标，并在奋斗过程中发现问题，采取行动，克服障碍，从而体验其中的乐趣并享受成功的喜悦——他们是"进取的现实主义者"。

北大清华的学生就是这样的，不断取得的学习成就，使他们成为"成就需求者"。

他们优异的学习考试技能只是"冰山一角"，冰山下面厚重的决定性因素是：

动机——理想与目标：我为什么要好好学习？

个性特征——人格与品性：我是否能够成为好学生？

自我认知——总结与反思：我现在是不是最好的学生？

价值观念——态度与选择：我为什么要成为最好的学生？

学习策略——计划与习惯：我怎样才能成为最好的学生？

考试心理——调解与磨练：我如何取得更好的考试成绩？

"燕园双成教育"团队的老师们几年来致力于推广、应用"专攻北大"课题组的调查结论、基本方法与科研成果，已使很多学生受益。本书是他们在"专攻北大"课题组研究领域、研究方向的基础上精心编辑而成，值得读者，特别是广大学生们认真阅读、细细品味。

每个同学都有成为尖子生的"潜质"，路在脚下！

北京大学"北大学生在中小学阶段学习素质养成与成功家庭教育研究"课题组（"专攻北大"课题组）
副组长、高级研究员 安天剑
2014 年 4 月

郝艳丽 / 北京大学医学部药学院

所获荣誉：河南省数学竞赛三等奖；国家二级运动员（垒球）

毕业学校：河南省鹤壁高中

高考成绩：649 分

最喜爱的三本书：《飘》《红楼梦》《人性的弱点》

最崇拜的人物：张瑞敏

父亲职业：政府职员

座右铭：修行在当下

一句话形容北大：未名湖畔亦聆教，博雅塔下好读书

从淇水到燕园

有梦想的人都是崇高的

淇水汤汤,渐车帷裳。

一个从淇水小镇——朝歌走进北大燕园的女生,一个情感细腻,爱好读书的人,但在高中时却选择了理科,现在所学专业也以化学为主。有些事情是你预料不到的,但是做好当前的事,那么你的未来才会灿烂。

水木年华曾经在一次访谈中被问到:你认为清华大学使你的人生有什么不同?他们回答到:有了清华大学的毕业证,当我有一天在音乐这条道路上做不下去时,我可以立马找到工作,可以养活自己。北大、清华的地位在中国是很不一样的,所以我认为当你有能力去达到这样的高度时,一定要坚持,所有有梦想的人都是崇高的,所有追求梦想的人都是可敬的。我为仍在为高考奋斗的学子们祝福。

我很普通，我的故事也像万千学子一样，泪水与欢笑，失意与辉煌一样地存在着。

回头看来，从小到大的小伙伴们境遇各异，我很庆幸选择了读书，并且一直坚持下去。就像马云曾经说过：今天很残酷，明天更残酷，后天很美好，但是大多的人都死在明天晚上。我很庆幸，我只是坚持了一小下，就看到了燕园的太阳。然后回忆残酷的昨天，发现昨天很美好。在不用为生活而担忧的时代，高考是目前最为公平的改变命运的途径，也是你第一次完全依靠自己而为自己的未来奋斗的事情。所以，拥抱高考吧。

修行在当下，感觉像四大皆空，但是这是一句不仅适用于学习，更加适用于生活的话。

很多事情你现在不做，那么你将永远没有机会做。所以一定要勇敢地去尝试，不要在乎太多，每当你尝试之后，你就会有不同的收获，你会有一段美好的回忆。所以，如果我可以再来一遍高中的话，我想我一定会用有限的时间做更多的事情，过一个更加丰富的生活。

大道理谁都明白，但是并不是每个人都可以联系到实际生活，也不是每个人都运用到现实中去，你们可以在夜深人静的时候思考一下当前的生活和学习，总结出自己的哲理和人生观，做一个智慧、快乐的人，让自己的青春无悔！

幼年：为什么小时候会喜欢去上学

我是从小就在父母的温室里长大的，其实父亲因为工作繁忙，我们很少见面，所以都是母亲把我带大的。其实我没有上过幼儿园，和现在那种上各种辅导班的孩子相比，我可以说是从小放养长大的。据我母亲说，的确是因为学费的原因没让我上幼儿园。

公然蹭课的学生

我有一个邻居，出生时跟我差一个月，所以我们从小就一起玩，可能是天生的原因吧，我并不是身体强健，也不是很活泼，相反我很文静，很害羞，很喜欢看书。有时候觉得人是很奇妙的生物。我的那个邻居在离家不远的幼儿园上学，然后我每天都跟人家一起去上学，经常蹭课，结果人家幼儿园的老师有一次发现了我这个公然蹭课的学生，后来，母亲迫于情面给人家交了一个学期的学费。我一直都想不明白，为什么小时候会喜欢去上学，长大后却是不想在学校多待一分钟。其实，那家幼儿园的老师都是初中毕业，我只学会了剪纸。认字、数数都是母亲教我的。

一直都是观众

现在我知道我的同学们都是从小学钢琴，学舞蹈，学英语，表面看来我的起步很晚，我也为此付出了代价。

比如，小的时候，同学都会一起排什么节目，我一直都是观众，再加上话少就一直很受排挤。但是这并不是全部，我因为小时候时间充足，读了很多书，思想成熟的早，理解力和记忆力比同龄人都强。

对于现在的家长来说，我认为应该以中庸的思维对待这些，让自己的孩子学两门才艺，也要有属于自己可以支配的时间，从小就学会自己管理自己的时间，自己制定自己的计划，而不只是依靠辅导班规划自己的学习。

小学：成绩不好的孩子是不被父母喜欢的

小学的时候我是赶上了国家的好政策，实行九年义务教育，所以没有交过学费和书费。我也没买过其他的学习资料，因为我感觉自己在课堂上学到的足以应付考试，其实也是因为懒得写。但我作业写得很认真，我达到每节课的目标，所以就懒得花时间做相同的事情。于是有更多的时间看更多的书。

我经常向同学借书，有个同学的家长买了一整套的文学名著，有200多本，但是那个家长不让他外借，我是帮那个同学抄了好几次作业才借到他的书，然后我读完了那个家长的金钱结晶。现在想起来我有点对不住那个小胖子。后来我也买书，但是自己买的书就不想看了，总觉得书可以随时看就先做其他事情，就这样推来推去最后也没看成书。后来我就不再买书了，往图书馆里泡，感觉那时的我真是聪明，很多时候当人们拥有某件事情后就不会再珍惜。

监考员是我的邻居

我在县里的公立小学上学，在当地综合实力排名第一，课余生活很丰富，升学率虽不是最高的，但是对素质的培养是多方面的，我也受益于此。

我认为先进的教育是多元化的，是个性化的，是宽松的，这样培养出来的人心智是健康的，只追求升学率的学校是急功近利的。成绩很重要，但是小学阶段最重要的还是性格、习惯、方法的培养，这些是受益终生的。我在初中时有一个同桌，他在一个升学率很高的小学就读,在考初中时是全县第五,我是全县第三十一,来到初中后他因为方法不对路,适应能力不好,很快就被我超过了。人生是一个长跑,综合能力是给你后劲的源泉。

有人说:如果一个女孩成绩好,那么她一定是从小就优秀。我在小学一年级时考了双一百。我至今都觉得很骄傲,因为我没上过幼儿园,我一直很担心自己的成绩,尤其是人生的第一次考试。但是还好,监考员就是我的邻居,所以我是以极愉快的心情考完的。

至此我的小学班主任就认为我是一个聪明的孩子,我的班主任有一次把我叫进办公室对我说,我是班里最聪明的孩子,这句话真是鼓励了我很长时间。我也是这样认为自己的,我理解新知识很快,记课文也快,然后我就骄傲了,然后我就退步了。因为我在最后一排,老师平时管不到,我挨了一个很爱说话的女孩子,我们就天天一起说话,最后在二年级时我考了全班倒数第二。然后我被叫家长了,然后我记得我那几天活的很艰辛,什么要求也不敢提。

母亲以实际行动告诉我:成绩不好的孩子是不被父母喜欢的。我深刻认识到了这一点,成绩不好放假后就不能快乐的玩,还不能买新衣服,所以不如在上课时好好听讲。上课说话不听课是不能学习好的,挨一个爱说话的同学我是控制不住自己的,所以我在新的学期找了一个成绩很好的小伙伴做朋友,好好学习了一学期,又赶到了班级的前3名。最后我考初中时也是班里的第三名。

永远要坐第一排

人小时候的记忆力真是好,我记得小学时我能记住老师的每一句话,而长大后却是麻木得多了。我姐姐当时是在读初中,她刚学了化学元素周期表，就让我背前二十号元素，我记得我是跟着她读了 3 遍之后就背了下来。后来我在学这张表时，我的同学花了一个星期背了下来，后来我在高中背整张表时，花了一个月。当时就后悔小时候怎么没全背下来。所以如果你在小时候有空的话，就多背点东西吧，或许你不理解，或许你只是单纯的在记忆，但是其实你已经在受它的影响了。

  我小时候看过一篇文章，里面有一句话是：永远要做第一排。当你有想法时马上把它用于实践是很好的做法，它其实就是创新力的体现，不断优化自己的生活、学习方式然后更有效的生活、学习。我后来每当有机会自己挑座位时，就一定选第一排，包括在大学也是这样。在第一排我会注意力高度集中，也可以和老师有更多的互动，听课效率很高。而听课是学习新知识最简单的方法，当你可以在课堂上完成所有的学习任务，那么就会腾出更多的空余时间。这样有弹性的时间表也是最适合人们生活的。

｜ 初中：当一个人拼命做某件事时，对周围影响很大

  我至今觉的最有成就感的阶段是初中阶段，我完成了蜕变，由一个害羞、胆怯的小女孩变成了一个有志向、有理想的女生。

  我初中时的老师跟我的关系最紧密，我接触到了很多对生活充满了乐观和期待的老师，他们是对我影响最大的老师。我在初一初二时的班主任冯老师是我父亲的学生，她教的是语文，但她教的更是生活中的人情世故，人际交往的智慧。我的数学老师是我的邻居，在交了两次作业后的一个晚上她就来我家，问了一下我的学习情况，并诚恳地说："来到初中后不比小学时的轻松，要

加把劲,而你这两次的作业写的都不好,你的数学学得不好,我见你父母都不好意思,所以你一定要把数学学好,让我心里也放心。"至此我学习数学是都不再是随性的学习,而是有一种压力感。结果反而并不好,我可以把基础知识学得很好,在平时写作业是感觉很好,但是一到考试就不会特别优秀,总是因为粗心等原因而不理想。所以,欲速则不达。学习是一个持久赛,不是比较谁一天学得更多,而是谁最有效的长期学习。

我的英语老师特别漂亮

在进入初中的第一次考试中,我考了年级第三十一名,显然我和小学相比是退步了。那时我的父亲调回了县城,住在家里面,经父亲和我分析,主要是英语考得不好影响了整个成绩。就像先前讲的,小学时我是不考英语的,所以我之前从未学过英语,你们现在可能觉得很好笑,但是我在初中之前真的没见过英语字母,我在期中考试的时候只学会了写26个字母。我当时完全都不知英语怎么学习,我的父亲以前当过英语老师,他说英语最简单了,你只要按老师的要求学习两个月就一定能找到方法,感到英语是最简单的学科。

我很理解当一个学生在一个学科里没有优势时,甚至处于劣势要赶上来的艰辛。别的同学觉得理所当然的事情,你要想好久还不一定想得明白,身为一个从小就是好奇宝宝的我,经常很困惑,但是我没有因此讨厌英语,讨厌英语老师,因为我的英语老师特别漂亮,穿得又很时髦,生活态度很乐观,所以相反我是很喜欢英语的,尤其当我想到可以和外国人交流,去外国旅行时就觉得很兴奋。幸好我有一个好同桌,她是英语课代表,她给我讲了很多英语学习的经验,学生和学生交流总是最能明白彼此了,两个月后我真的找到了方法,就是那种入门的感觉,中招时,我的英语只因为听力扣了 2 分。这种成功的体验一直让我相信，没有什么事情是学不会的，砌墙的砖头——后来居上。

另一点体会是：当你把学习当做爱好，或者你对哪一门学科充满了兴趣，你会很主动的去学习的。而主动学习是会让你想到很多学习的方法的，比如和同学交流学习体会。那时有一个很受欢迎的电视节目是《希望英语》，我至今仍记得里面讲过的 tomato girl 的故事。现在学习英语的网站也很多，时代在进步，你们处于只要愿意学习，就会有无数种方法帮助你学习的好时代。你们一定要经常反思自己的学习方法，学会思考，学会交流，善于向别人学习，总结自己的方法，初中是一个很重要的时候，因为义务教育结束了，你要依靠自己的成绩去选择高中，而在当前的中国，高中和高中间的差别是很大的，大学和大学间的差别也很大，人与人的差别仍然很大。

她把写数学题的方法总结成了口诀

按照我们初中的惯例，到初三时要重新分班，但还是按成绩平均分。我很幸运遇见了我这辈子最好的老师，另一位姓冯的女老师，她教的是数学，教得真是很好，在大城市的人是不能理解小城老师的魅力的。她可以跟我们讲自己的苦恼，我们之间的交流是没有距离的，她是从学生的角度向我们讲述中考的重要性，不是从学校的名誉，也不是从个人的奖金角度考虑，这一点是我很佩服的。她把写数学题的方法总结成了口诀：是跟就让跟回家，我们带入来求它。瘸腿三角形的辅助线是补充完整……这给了我很大的启示，学习要善于总结，从万千题目中找到母题，找到原型。

进入初三后，冯老师每节课上课前都是精神焕发，用充满激情的眼神看看每一个同学，然后说：又是新的一天，让我们一起为自己的幸福努力吧！就是这样的鼓舞下，我的成绩有了很大进步。以前在初一初二时我保持在前十名，感觉很轻松。进入初三后，我连续考了3次月考第一名，第一次考第一名后我当然很开心，第二次后我感觉很惊讶，就有点担心第三次考试，因为班里有个女生一下子从第二十几名进步到第二名，当一个人拼命做某件事时，对周围的人影响是很大的，我感觉自己从气势上就很怕人家，然后我那时压力很大，每天睁眼的时候几乎都在学习，因为我的母亲不上班，所以她专职给我做饭，我每天回到家就可以吃到饭，住校后我发现不用排队就可以吃到饭是多么幸福，我以前中午是边吃饭边看新闻，然后写作业，然后看百家讲坛，我初三时是百家讲坛很火的时候，易中天，于丹，纪连海一个又一个的文化名人都是那时火起来的。然后睡觉，起来后上学。

好多低年级的学生都在窗户下来看我

进入初三后，我中午就不再看电视了，因为作业好多，但是我写作业的速度很快，所以我中午就可以完成所有的作业，然后我晚上把时间用于习题总结，晚上9点半准时入睡。我把每道错题都做了3遍，把每个类型的题都练习了20道以上。我每周一晚上是看书时间，每周一本书，《人性的弱点》《飘》等都是那时候看的。每周日下午我们学校会放假，我正好可以看快乐大本营的重播，我那个时候快乐大本营也是最火的时候，全国几亿人看，然后就毫无顾忌的大笑把自己的压力排泄出去，依靠这样良好的生活习惯我在第三次月考时又考了第一名。我真的不淡定了，怎么办，下一次月考怎么办？与此同时我火了，好多低年级的学生都在窗户下来看我，有一次我还在书桌里找到了一支鲜花。要想人前显贵，必在人后受罪。我的压力很大，万一下一次我考得不好了多丢人，大家都知道我。

那时我很怕老师们在课堂上表扬我，因为同学们不只是羡慕还有嫉妒，那种被排挤的感觉再次重现了，我那时很焦虑，学习效率很低。结果第四次月考我考了第七名，而那个跟我竞争的女生考了第一名，我内心也是对自己产生了怀疑。我甚至决定熬夜学习，但是结果是我睡了一节课。冯老师在这时对我进行了谈话，说我终于正常了，她很开心我考了第七名，一直考第一名的人内心是脆弱的，我感到内心的释然。好吧，不要管其他人的想法，按自己的生活规律继续这样踏实学习。我的父母也说：不要紧张，我肯定没问题，他们每天都变着花样做好吃的，把水果切成小块放在我的书桌前，每天早上都是说着我好辛苦，但是马上就结束了这样的话，鼓励我起床，以激情的状态面对初三后期的生活。

我明白了高分作文的规律

结果就是中招时的大获全胜，我的英语差两分满分，数学、化学、历史满分，物理差 7 分满分，政治差 4 分满分，语文差 12 分满分，后来我在一本杂志上发现我的作文是满分。我想我的文学积累是扎实的，看了那么多书，自然气自华，再加上我们语文老师给我改了两次作文，我明白了高分作文的规律。第一点是字体一定要清晰，美观，整齐。第二点是结构一定要匀称，主题要突出。具体的做法就是可以用小标题，或者在每段的开头都用结构匀称的句子说明主旨。第三点是平时多练习，练习文笔，多用排比句，修辞手法写文章，多记忆名句名言，并且要在文章的关键地方展示出来。让阅卷老师知道你是一个文学功底很好的学生。你是一个国家、民族所需要的人才，所以你要体现出大爱和担当。天时，地利，人和，初中时的我可谓占尽了优势，所以才会如此优秀。

高中：也会有考试考到恶心的时候

我的高中是在鹤壁高中度过的，鹤壁高中是河南省首批省示范性高中。鹤壁高中的管理很严，我们学校以前一直以衡水一中为学习对象，但是现在衡水一中都在给自己洗白，我们高中也想进行改革，但是我就是在还未进行改革的严格中培养出来的。我在高中时是在一个奥赛班，我们班被评为河南高考最牛班，在生源大省的河南我们班有11人考入清华大学和北京大学。这在生源大省河南是多么的不容易呀，所以如果你是河南的考生，那么我只想给你说，在没有分数做保障时，所有的素质教育都是没有根基的，所以你们要牺牲掉一些个人爱好，只读圣贤书。当然，当你的成绩允许时，你还是要多丰富自己的生活，毕竟修行在当下。

小妮子不要太自信

高中时我是住校生，初离家门的我在生活上有诸多不顺。比如早上起来后没有父母在旁边的鼓励，你需要排很长的队伍去买饭，你还得面对新的学习挑战，我初中时是不上晚自习的，所以我睡的很早，九点半就开始睡觉。而在高中晚自习都要上到晚上10点半，结果可想而知，我第三节晚自习基本就是在睡觉，我一直都不明白，当你的学习任务完成后，为什么还要强行上晚自习。我感觉老师们也不如初中时亲切，我们来自不同的地方，想法总是不一样，我感觉突然间的优势和自信又不见了。有一次，我去新班主任权老师办公室领书，权老师就不经意的说了一句：听说你在初中时的成绩很好。我就说：嗯，几乎都是第一名。权老师就没吭声。但是我知道他肯定在想小妮子不要太自信了，你在家时的初中只是一个县的初中，而你现在在市高中。我当时就感觉有种要为初中争口气的想法。然后我就沉默了一个月，一个月后的月考中我考了年级第三。年级第一现在在北大信科，年级第二在一个二本院校，而年级第 78 名是我们这一届的状元，她是我的同桌。我和她之间发生了很多故事，我们是对手，又是学习搭档，有时生活中互相帮助的姐妹，我们可以说是中国好同桌。

社会不只需要一个优秀的人

我的高中生活可以这样概括：在紧张的学习中哭与笑并存，时间被细化，每秒都有任务，马不停蹄的写题写题，一直写到高考考场。学校的管理是如此精细，我没有自己的弹性时间，所以我感觉我在高考时没有发挥到中招那么好，就是因为没有思考的时间，没有自己的可支配时间。如果你也有这种感觉的话，那么你可以少做两道题，留出时间思考。

我先讲我和我的同桌的故事吧

我在入高中的第一次月考后才认识她。当时我说：听说你数学考了 113（满分 120），好厉害呀。她说：我还嫌不够高呢。我当时就无语了，她不按常理出牌，她怎么不谦虚呀。现在我知道了，她一直这么自信，我们每个人都应该自信，相信自己能做到更好，不要总是自我怀疑。然后我们一年就没再说过话，高二时我们成了同桌，当时我的成绩很稳定，稳定在年级前二十，是那种刻苦学习的类型。她的成绩不稳定，但是她很聪明，感觉她天天在忙其他事，等我开始睡觉的时候她就开始学习。上课的时候，我总是很紧张，因为她总是可以听懂老师的意思，而我总是不明白老师要表达的意思，后来我感觉我应该是形象思维比较擅长，但是我那时真是太紧张了，不能专注于上课听讲。我的父母每星期都会来看我，我好想回到以前，回到以前顺风顺水的时候，感觉自己一个人孤军奋战的滋味真是太难了。我的父母就会说：不要太大压力，我们对你没有什么要求，要记住允许别人比你更优秀，记住你学习是为了社会，是为了国家，不是为了名次，也不是让你拿来虚荣的物品。社会不只需要一个优秀的人，需要很多优秀的人。你不能心胸狭窄，要心胸开阔。

学会适时的自我肯定

我也感觉这样糟糕的状态不能再持续下去了，所以有一天中午吃过饭，我说：晓莉，我们去谈谈吧。（我们高中时为了节约时间，中午都是在教室里趴在桌子上休息）然后我把我的想法讲给她听了，我说我好崇拜你，你好聪明，然后她说：你成绩那么稳定，我才羡慕你呢。这句话让我感觉被肯定了，感觉很好，于是我感觉，真实的讲出你的想法是解决问题的关键。很多同学在学习中遇到问题后，都不讲出真实的原因，以生病、状态不好来掩盖真实的问题，这种做法是很不正确的。很多时候只要勇于打破坚冰，你会发现世界没有想象中的那么好，但是也没那么坏。另外，自我肯定很重要的，我们一定要学会发现自己的长处。没有人可以一辈子的跟着你对你说你是多么的优秀，所以尖子生也好，普通学生也好，都要学会适时的自我肯定，同时也要学会自我接纳。你的注意力不集中，你的理解能力不如他人强，这些事实，存在即合理，你就不要继续抱怨，而是应该接受他们的存在，学会自我接纳，这样你才会生活的幸福，才会快乐的学习，才可以在自由的状态中学习，达到学习的高效率。

来到高三后，我们仍然是同桌，这时我们已经充分摸清对方的脾气了，我也了解到了她身上有这么多需要我学习的地方，她对班级事情很热心，这一点我也在不断地向她学习，并且在改变自己，做一个无私、乐于奉献的人，她总是把自己的利益放到最后，人生来就是自私的，好的美德需要后天培养，所以我也在修行自己，做一个平和、乐观、自信、勇敢、无私的女孩。她在做题时要每一步都是逻辑清楚，做题步骤很规范，语言叙述很科学，也就是这一点让她在高考改卷严时胜出了。

找到一个和你实力相当的学习伙伴很重要

高三时的作业很多，我们做了 200 多套理综卷，300 多套数学卷，10 年高考题写了两遍，各地的模拟题摞起来比人高。这时，我们发现一张卷子中很多题都是会做的，只有几道是创新题，所以我们两个就是把卷子分成两半，一人做一半，然后再把自己做到的好题互相交流，遇到不会的题时互相交流，互相讨论某个概念，互相激励对方。我们两个的学习效率都被提高了，因为我们只花了一半的时间就得到了一套卷子的作用。可以有更多的时间休息，加强自己的薄弱环节，比如我趁机做了 70 多篇的文言文阅读。在高三，如何使你每天的学习更有效率是很重要的，因为到最后，你会的是大多数，你需要提升的方面混在大多数中是很难找到的，所以你要对自己的实力有清楚的认识。比如你可以通过连续几次的试卷分析一下自己到底是哪个题型不会，那个知识点不会，那种写题方法没有掌握，然后做针对性练习，这样你感觉到每天的工作都是有意义的，也就不会感到累。另外，找到一个和你实力相当的学习伙伴也很重要，如果你是住校生的话，在高三你就不会感到孤独，因为身旁有同样的人和你一起奋战，如果你是走读，那么你的家长是你最好的后盾，你是很幸运的。

高三期间，你会有写题写到恶心的时候，你也会有考试考到恶心的时候，但是学习的节奏却还是那么紧，你会感到透支。所以，一定要学会忙里偷闲，比如和同学聊聊天，听听音乐，看看书，有时也可以去校园里走走，呼吸一下新鲜空气。不要觉得这些事情浪费时间，当你花几分钟放松后，你会有更高的效率，完成更多的任务，并且你的心情会很美好。相反，如果硬撑着，你会感到学习效率越来越低，心情抑郁感到压力山大。修行在当下，追求梦想的过程是痛并快乐着，如果你完全不快乐，那么你一定太过急躁而无法成大业。

再做几天就又可以思路清楚了

再讲一下具体的学习方法吧。

语文：对于默写，你只有记住才能得分。诗歌鉴赏：背一些套用的格式，如点手法，析句子，言效果。你要深刻理解每种手法的特点及作用。阅读：多做题，找规律，学会总结答案。作文：其实和初中的要求没变，只是更要求你的思想深度。

数学：我对数学的偏爱一直没变，高考时差 6 分满分。对于选择题，常考的知识点是固定的，所以那 300 多个数学考纲要求的知识点你一定要一一击破，然后才拥有花哨的技巧。选择题只看答案，所以投机取巧的方法很多，我在高考时选择题最后一题也不会写，但是我通过找了几个例子成功找到规律，还有一道立体几何题，是我的弱项，我也是从答案入手，把图形分割近似得到了答案，对于选择题，就考验你的心细了，我在高三时每天都做一套小题训练，所以对时间的掌握很有经验，对不同题目表达所蕴含的方法和思路理解很深刻，这些都是通过做题和总结得到的，所以对于数学，你一定要舍得花时间思考，总结，要敢做难题。对于大题，我高考时都很难，连第一题都难倒了很多人。我当时心态很平和，就是会求什么，根据做题经验，很顺利的找到了思路。接着第二题就更有自信了，那种感觉一直保持了下去，我的圆锥曲线大题一看就涉及很多参数，感觉很复杂，就放弃了。但是我看最后的压轴题很眼熟，我果然算出来了，然后只有十分钟时，我又去做圆锥曲线了，果然不会写，我把平时的做题格式写了上去，设方程，带入整理，根据韦达定理得式子，再有题目关系的式子，最后没写结果，但是最后我只被扣了1分的结果分，因为高考是按步骤给分的，而我说只是没整理出来具体的答案，我赌赢了。

理综：本人的理综是比较水的，但是可以分享一下经验。很多同学都有那种感觉，就是当你做了一定数量的题后，你会思路很清晰，但是再做就会糊涂，我就是在这个时期进了考场，但是成功的同学告诉我，再做几天我就又可以思路清楚了，所以大家一定要对理综提前下手，早日成为高手。

英语：身为英语课代表，我必须承认英语真的很简单，但是英语也需要一种做题感觉，我每天都坚持一篇完形，两篇阅读理解，建议：用"英语五三"，讲解很全面，题型也很全面。可以做针对性练习。对英语来说，字体仍很重要，我和我的同桌在高二一起练的字，练了一个月效果就出来了，我的英语作文是满分，她被扣了3分，我的语言天赋比她好一点，得益于以前看的书呀。

高三，是一个美好的过程。考试是如此之多，是一个绝佳的练习考试技巧的时候，来到大学你会发现，再也没有模拟考了，一切都是正式的，一旦失败，后果很严重。所以你们要拥抱高考，拥抱模拟考试。

在高考时心态很重要，要适时调整自己的目标。有一句很经典的话：当你的理想和现实有差距时你就会有压力。所以适当的压力是正确的，但是不要太大压力，要学会自我接纳，也要学会接纳他人。

最后填报志愿时，最好做一个专业的测试，看一下自己的潜能在哪些方面，适合自己的才是最好的，不要盲目的选大热的经济、计算机。最好和本专业的学生交流，看一下这到底是不是你想学的。也可以结合自己的老师，让老师帮你参谋。有一句话我想和大家分享：选我所爱，爱我所选。

人应该有梦
人都应该有梦
有梦就别怕痛
有雷声在轰不停
雨泼进眼里看不清
谁急速狂飙
溅我一身
的泥泞
我决定我想去哪里
往天堂要跳过地狱
也不恐惧
不逃避
这不是脾气
是所谓志气
与勇气
你能推我下悬崖
我能学会飞行
从不听
谁的命令
很独立
耳朵用来听自己的心灵
淋雨一直走
是一颗宝石就该闪烁
人都应该有梦
OH
有梦就别怕痛
淋雨一直走

是道阳光就该暖和
人都应该有梦
OH
有梦就别怕痛
有前面盘旋的秃鹰
有背后尖酸的耳语
黑色的童话
是给长大
的洗礼
要独特才是流行
无法复制的自己
让我连受伤
也有型
这不是脾气
是所谓志气
与勇气
你能推我下悬崖
我能学会飞行
从不听
谁的命令
很独立
耳朵用来听自己的心灵
我说希望无穷
你猜美梦成空
相信和怀疑
总要决斗
淋雨一直走
是一颗宝石就该闪烁
人都应该有梦
OH
有梦就别怕痛
淋雨一直走

是道阳光就该暖和
人都应该有梦
OH
有梦就别怕痛
淋雨一直走
是一颗宝石就该闪烁
人都应该有梦
OH
有梦就别怕痛
淋雨一直走
是道阳光就该暖和
人都应该有梦
OH
有梦就别怕痛

　　这首歌是张韶涵的《淋雨一直走》，每个人心中肯定都有那么一首歌，唱到了你的心里。五月天的《倔强》里的"我不怕千万人阻挡，只怕自己投降"令我每次看到都很受激励。有一个名人讲过：失败只有一种——放弃。在坚持的路上，歌声也是可以给我们力量的。《最初的梦想》也很适合追求梦想的你们，平时唱唱歌不仅可以放松心情，也可以作为一种才艺。曾经在网上看到一个帖子"当你不想学习是应该看得10部电影"。可见这些苦恼时很普遍的，没有人是神的孩子。每个人都有自己的爱好，所以为了学习完全放弃这些爱好是不对的，有一个爱好可以发泄你的压力焦虑是很好的方式。

　　关于3G手机的问题我也有自己的看法。现在3G手机如此普遍，你怎么样可以淡定的生活在校园里？我想未来的趋势是不应该遏制手机进入校园，但是一定要加强自我控制，比如不把手机纳入教室，不拿手机刷夜，有一个健康的生活方式。很多东西都是越禁止越风靡，不如就让学生们了解其实这都没什么的，不代表地位，不代表身份，就是一个工具而已了。

关于爱情，高考后我们班突然涌现了很多情侣，包括一个考上清华的同学。有人讲：耐得住寂寞，才守得住辉煌。也有人说：鱼与熊掌可以兼得。我看过很多同学因为它的青涩而伤心，也有很多同学享受到它的美好，我不能提出以一以盖之的结论，我只希望你们的青春是无悔的。

我认为燕园是我寻梦的一个跳板。在北大有很多其他高校无法比拟的优势，4月份习主席和我们学校考古文博的学生回信，诺贝尔奖的获得者会在这里演讲，各国政要会在这里演讲，国家给了很多资金和政策支持，北大图书馆是亚洲最大的大学图书馆，你可以徜徉其中，甚至连北大的美食都是赞不绝口的。更重要的是：在北大你可以与各省的优秀学子为同学，与科学界的大牛为师生。我希望自己可以给世界带来改变，给中国的发展做出贡献。让那些帮助过我，给我支持的人感到骄傲。

百年北大，浪漫燕园，你也可以品味，我在北大等你！

明天很美好，学弟学妹们一定要加油，我在北大等你来！

专家点评

郝艳丽同学的成长故事，娓娓道来，生动而有借鉴意义。阅读她的经历，你会有恍然大悟、相知恨晚的认同感。每个优秀的学生，都有一套成功的经验，郝艳丽同学身上可供大家借鉴的经验很多。如，永远坐到第一排，把写数学题的方法总结成了口诀，学会适当的自我肯定，找到一个和你实力相当的学习伙伴，搞清楚高分作文的规律，等等。文中，作者对不同阶段学习任务的看法，虽充满功利思维，但也恰恰反应了郝艳丽同学对现有教育制度的深刻思考，值得大家借鉴。

凌晨 / 清华大学艺术史论系

在校荣誉： 2013国家创新创业优秀项目负责人

高中毕业学校： 上海市市西中学

高考成绩： 568分

最喜爱的三本书：《失控—全人类的最终命运与结局》《小妇人》
《1984 查拉图斯特拉如是说》

最崇拜的人物： 维特根斯坦

父母职业： 医生、计算机工程师

座右铭： 踏过的路不会再走，趟过的河任它自由流淌

一句话形容清华： 行动力高于一切

理想在某个时刻开始生根发芽

| 让我们忠于理想　让我们面对现实

我喜欢切格瓦拉的这句话,"让我们忠于理想,让我们面对现实。"我想,用它来概括青年人的理想状态最不过贴切了。

在清华的生活已经进入了第三个年头。但每当我结束了一天的学习与工作,躺上寝室的小床,望着离我只有 50 公分远的天花板的时候,都还是觉得很不可思议。原来我真的是个清华大学的学生啊。

我必须得承认,能够成为一名清华大学的学生是我从小到大的一个梦想,而如今却已经被我实现。如今的我,因为清华给予我的光环而引来旁人艳羡的目光,但我始终认为自己只是个普通的女孩。我的学习道路算不上一帆风顺,也少不了磕磕碰碰。我考过全校第一,也曾经与理想的学校失之交臂,我被老师请过家长,也不顾所有人的反对在高考前的最后半年做出最惊人的决定。

我不是典型的好学生,却也有我自己的闪光点。

幼年:与书本打交道的童年

我的学习的初体验始于一份报纸。当时的我还小,不会说话,需要大人成天的抱着。由于我的父母都是独生子女,可以生二胎。我又安静地像个娃娃,于是当时的妈妈在酝酿着第二胎,我的大部分时间则由同住的外婆看管。我的妈妈是位全职太太,平日里的她很爱读书,总是一边抱着我,一边捧着书。于是我也对书本有了好奇与渴望,也常常装模作样地坐在妈妈身旁看书。后来进阶到天刚亮就要妈妈帮忙穿衣服,然后就抱着书爬上沙发进行晨读。我的外婆对此十分惊讶,从事了一辈子幼儿教育工作的她从来没有见过这样的小孩子,便开始教我识字。刚开始是在地图上认地名,她念一个,我指一个。进而转为看报纸,她念一个词,我找一个词。不会说话的我就这样认得了方块字。而渐渐开始牙牙学语的我,更是在外婆给我念完一个故事后,看着一行一行的字一字不漏地复述了出来。所有人都很惊奇,而当时的我只是沉浸在书本里的故事而已。

强调书本带来的幸福体验

妈妈有个教育理念,她说,培养孩子的兴趣就像大人吃饭的口味一样。一个人如果品尝过了鲜美又精致的食物,必然会对粗茶淡饭嗤之以鼻。小孩子也一样,电视、电脑里的信息生动刺激,必然比书本上一个个的方块字和不会动的图画来的有趣。习惯了随手可得的新鲜刺激,就沉不下心来品味经典。所以,对于孩子的生活环境和信息来源，还是需要有所把握。最近，电视里热播的"爸爸去哪儿"里，孩子们离开了Ipad和Iphone就哭闹不止，而家长也似乎将这些东西当做安抚孩子的利器，这是非常不合适的。现代的孟母三迁，不是隔绝孩子与电视、手机的接触，而是有意识地强调书本、艺术所能带来的幸福体验。父母的以身作则也很重要。

在与书本打交道的童年里，我过得异常充实。别的孩子爱哭闹、爱吃东西、爱出门玩、爱看电视、爱芭比娃娃。我爱的是积木，蜡笔和书。我的弟弟出生后，我更是以编故事给他听为乐趣，我小的时候是完美的乖孩子。

那是"坏孩子"的专座

这一形象在我第一天上幼儿园的时候打破了。我在幼儿园整整哭了一天，极不适应这样的集体生活。老师无奈，让我坐在她身旁的小板凳上，而其他小朋友都面对着我排排坐。我自顾自地哭，后来才知道那是"坏孩子"的专座。以后的几天里我都闯着各种各样的祸，不肯吃饭，不肯睡午觉，企图溜出去逃回家。妈妈也无奈，再加上我在幼儿园，她也感觉生活空荡荡的，就将我接回了家。于是，我成了一个几乎没有上过幼儿园的孩子。

在家里的日子平平淡淡，直到有一天，妈妈决定送我去学钢琴。这，成为日后家庭矛盾的主要重心。对于一个三四岁的孩子来说，离开了玩具和总是笑容盈盈的父母，取而代之的是面对冰冷的钢琴重复练习同一组音阶，无论如何都是不乐意的。刚开始学习，我根本无法演奏出成形的旋律，手指也软软地立不起来，一遍遍的"妈妈我去喝水"，"妈妈我去上厕所"，"妈妈我练了多久啦"，"妈妈我还要练多久啊"终于让她失去了耐心。我一脸委屈，妈妈也分贝越来越高，爸爸的介入让事情更为复杂。

他们不同的意见让我很矛盾

爸爸工作繁忙，经常出差，平日里虽然和我相处的时间远不及我和妈妈在一起的时间长，对我却几乎是完全的"溺爱"。爸爸看不惯妈妈对我的严声厉色，常常出面"解救"我，这也成为几乎从不吵架的他们发生争执最常见的理由。妈妈主张孩子的兴趣是需要培养和父母的坚持的，适当的批评是必须的，而爸爸却认为没有必要对小孩子那么苛刻，随着我的天性就好。他们不同的意见让我很矛盾，虽然心里是倾向爸爸的，却不想让妈妈失望。于是他们互相争辩着，我只能在一旁掉眼泪。这样的事情几乎每隔几天就会发生一次，几乎伴随了我的整个童年。

在练钢琴这件对我来说痛苦的事情衬托下，每天不练琴的时候，我过得格外幸福。这在我上了小学之后，更为明显。每次练完琴之后，我总是格外享受坐在书桌前做作业或者是看书画画的时间，有时为了少练一会琴，我会特别地给自己布置一些任务，例如今天必须要看完 50 页书，画两张画。我企图用学习来弥补练琴时间上的不足。

不断指出我演奏中的错误

对于练琴，我也分析过我不那么积极的原因。其一是开始的年龄太小，三岁还是一个孩子爱玩爱闹的年龄，虽然我小时候内向又安静，但枯燥的练习对我来说还是无法保持长时间集中的精力。其二就是长期得不到正反馈。学习钢琴和学习小提琴、长笛等乐器不一样，往往是一对一授课的，我无法看到其他小朋友的演奏水平，面对只有老师严苛的要求。当时我的钢琴老师是一位音乐学院的教授，他的学生大都是音乐学院的学生，所以对于我，他也总是用专业的要求来要求我，相对于鼓励，更多的是不断的指出我在演奏中的错误。我曾经持续练习了巴赫的赋格整整一年，面对相同的曲调，我体验不到音乐的美妙，也消磨了我的兴趣。即使如此，我还是完成了钢琴最高水准的考试。而心里默默地只是觉得完成了妈妈的一个夙愿而已。

但又不得不说，音乐于我来说是非常重要且具有启发性的。我从小就爱听音乐，尤其是交响乐。恢宏的合奏总是能让我为之感染，而钢琴的学习也培养了我良好的乐感，让我在纷扰之中能在音乐中找到一份慰藉。

| 小学：哪怕一次第二名都会让我难过很久

小学的我念的是一所普通的公立小学，离家不远。小学时候的我成绩非常出色，因为从小识字，知识的丰富性和语言的成熟度都比同龄人优秀很多。当时的我也只能够生活在父母老师的赞扬声之中，处处对自己要求严格。考试的时候，哪怕一次第二名都会让我难过很久，如果老师不经意间透露出一点点对我的不满更是会让我伤心一整天。

我很在意别人的看法，也很爱和别人比较。对于一个小孩子来说，这所带来的效应可能暂时是有益的，这会是上进心的一种表现。但对于孩子的成长来说却是有害的，我的父母很了解我这一点，于是常常会对此与我沟通。

记得有一次，我的作文中引用了大量作文书上的素材，于是被叫了家长。老师说这是抄袭，"写作业抄人家的作文，你平时是个好学生，这起的是什么带头作用呀"，我难过极了。那天，下着很大的雨，我突然发现书里的比喻那么贴切，"瓢泼大雨就像我心里的眼泪。"妈妈来了学校,在了解状况后一点都不显得生气。放学后,她告诉我小学生写作文引用别人的语句是很正常的,她知道我不是爱偷懒的孩子,别人不了解你,老师说的也并不是都是对的。这件事给我留下了很深的印象,父母给我的信任让我更坚定了不能让他们失望的信念,而我也开始试着放下他人的评价,试着做好自己。

其实我在学校里也有弱势的科目,就是体育。从小的我很少接触体育运动,外出活动都是和父母一起,不会跑也不会闹的我和同学们怎么都玩不到一块。而他们也不喜欢我像大人一样的说话方式,我虽然得到了老师们的肯定和赞赏,却得不到同学们的认可。小时候的我并不在意这些,毕竟我也没有完全和同学们脱离开来,加之后来"非典"等因素,我也不常去学校,小学就这样结束了。

初中:莫名地生出几分自豪与骄傲

我的初中是一所私立的初中,当时是通过了一个类似智力测试的考试入学的。私立学校的校服和普通的公立学校不一样,比起那些蓝色的运动服要漂亮得多,这也让我莫名地生出几分自豪与骄傲来。我在初中的成绩依旧很出色,而我也有意识地培养自己与同学们的交流。我不再在课堂上抢着发言,以求老师的表扬,而是希望听到同学们更多的声音。我也不会像大人一样以居高临下的态度和同学们讲话,更不会咄咄逼人。现在想来还是觉得很好笑,小时候的我像个大人一样地给同龄人说教,那是多好玩的一番场景啊。

在你身后总有人支持

可以说，初中四年让我在心智上成长了很多。我也交到了一班志同道合的好伙伴。我不再锋芒毕露，希望得到老师的赞赏，而是学会了倾听与分享，渴望同龄人的认可。我认为友情不应该是两个同性黏在一起，一起上课，一起下课，一起吃饭，一起上厕所，而是几个志趣相投的人，在一起既可以什么都说，也可以什么都不说，学习的时候严肃认真，玩闹的时候百无禁忌。这样一个人既有自己独立的空间，不必牵挂着别人，也明白在你身后总有人能支持你。我们至今仍然保持着十分亲密的关系，即使大家在不同的城市，不同的国家，也常常会在不经意想起对方，他们是我在初中时代最大的收获。

所以我的初中，课余生活变得异常丰富。我们会在放学后相约去某个同学家看电影，之后一起做饭，同学的父母们也很开明，都会支持我们这样的聚会活动，大家和同学的父母们也相处得很融洽。我们也会在周末一起逛街，一起淘书，一起游泳，为此我的暴走功力有了极大的提升，很长一段时间去哪里都是走着去的。这里我不得不插播一句，大家都觉得走路是很浪费时间和体力的，而对于我来说却是绝佳的一种放松方式。每当我走在街上，看着路上行走的人们，行驶的车辆，路旁的商铺都会油然而生一种对生活的新鲜感。就算是同样的路，每天也有不同的风景。这也是培养自己对生活敏感度的一个好方法，发现细微之处的美感与细节之中所带来的感动是提高生活品质的好途径。快走或是散步本身也是锻炼的一种方式。

每个人独有的闪光点

而对于学习，我终于摆脱了和他人无休止的比较。可爱的同学们让我发现了每个人独有的闪光点，并不是教科书上的知识就是知识的全部，大家在生活中的独到智慧，体育运动中的绝佳表现，给人所带来的温暖，都让我看到了每个人的优势和自己的不足。所以，我对于学习始终保持着发展兴趣为主，成绩为辅的态度。学习更多的是种体验，有兴趣就去学、去探索、去体会，没有人会给你打分，也没有人会给你赞赏。这只是为了满足自己的好奇，满足学习的欲望。这一点就算对现在的我来说也都是至关重要的，我相信捷克作家哈维尔的一句话："我们坚持一件事情，并不是因为这样做了会有效果，而是坚信，这样做是对的。"对于学习是这样，我们并非为了什么而学，对于生活也是这样。很多人的成绩拔尖，有着各种各样的证书与荣誉，私底下却看不进书，对未知的东西没有想要了解的冲动，也没有真正感兴趣的东西。这样的学习状态是很糟糕的。

所以我从初中开始尝试各种各样新奇的事物，练习网球、给喜欢的杂志投稿、学做甜品、练习化妆，并将从小就练习着的芭蕾和素描坚持了下来。这些都代表着我一段时间，一个时期的爱好和状态，很高兴我的父母从来没有对此有所阻拦。

读"无用"的闲书

还有一个有趣的故事和大家分享，就是关于读书这件事。我的爸爸妈妈从小就鼓励我读书，我也爱好阅读。小学时候的我还是阅读经典名著和名家名篇等传统文学作品，初中时的阅读面就大大拓宽了。因为初中有了图书馆，我便一本一本地"蚕食"过去。每天中午的午休时间我都是在图书馆度过的。而当时同学之间爱好传阅的小说等，最后的归属地，也总是因为书本主人的父母不希望孩子读"无用"的闲书，而避难于我的书橱。这使如今光临我家的同学们直呼我的书橱充满着"童年的回忆"。

高中：做了很多同龄人想做却不能做的事

就这样，我以每门科目都接近满分的优秀成绩，进入了本区最好的一所市示范性重点高中。虽然这所学校是一所很不错的高中，但对我来说，却多少有些遗憾。

我因为志愿上的差错与理想学校擦肩而过，心里多少有点愤愤不平。况且我所心仪的学校是所寄宿制的高中，这对渴望集体生活的我无限向往。事不由人，我只好接受现实，依旧在离家不远的学校继续我的高中生活。

开起了自己的淘宝店

高中时候的我更加擅于折腾，开起了自己的淘宝店。刚开始是卖数码周边，后来开始代购，卖服装、配饰等。通过网络社交平台做宣传，我开始过起了自给自足的生活，不再需要父母的零花钱。

我也钟情于更广范围的社交，和不同背景不同年龄的人打交道对我来说是种全新的体验。起先是和老同学的新同学一起聚会，继而是参加不同的社团、俱乐部。我所在的学校活动非常多，学业压力也仅仅来自高考，于是我致力于各种社团活动与班级建设，与同学的关系融洽。

因为之前成绩上的小小成就所带来的骄傲与松懈，加上经历过中考后的同学们更为努力，我的成绩较之前有了很大的退步。我的高中三年一直经历着学校的改扩建，校园里机器的轰鸣使原本就坐在教室最后一排的我心烦意乱，根本听不见老师的讲课。

糟糕的校园环境让我厌倦了学校的生活，于是我自顾自地做起了自己的事，也常常迟到早退。可能那时的我叛逆吧，对于老师的训斥与不解也不加争辩。现在回想觉得的确十分有失妥当。当时的成绩非常一般，从入学时的尖子生成为了"困难户"。我的父母对我的学习向来十分放心，所以由着我自己去处理。

用剩下的时间尽情享受青春

我有一个好习惯，就是善于反省自己。

我明确自己高中时候的目标，考上一个好大学，然后用剩下的时间尽情享受青春。我始终相信，时间是我们唯一的货币。我们可以用时间来换取世界上的任何东西，像是幸福感、成就感，包括那些我们都清楚的，比生命更有价值的东西。但每个人在不同的时间换取这些东西的汇率都是不同的。虽然只要愿意花时间，就可以换取任何东西，但对于我来说，在合适的时间换取合适的东西才是正确的选择。我已经做了很多同龄人想做却不能做的事情，于是在剩下的时间，我会全力以赴专心致志地完成学习上的目标。

记笔记的方法

只要是我不懂的东西，我必须会去弄懂它。我是一个笔记本控，在使用笔记本这方面有几个自认为挺有用的学习方法，首先是记笔记的方法。将一页纸划为3份，最左边一份记录备注与提示，右边两份作为听课笔记的区域。而在每次听课之后，都要留出一部分时间记录疑惑与收获，并在往后的复习过程中加以整理。另外，在学习新的一个系统的知识时，我会整理出一个巨大的表格，在做表格的过程中本身就是一种思考，而整理后的表格也一目了然。一本书也就越读越薄了。

随时带备忘录

在平时的学习中，我还有随时带备忘录的习惯。将想到的问题，日程的安排和所有生活中的一切都记在本子上，不必再费时间回想学习任务的完成情况，对我来说是解放脑细胞的一件事。

错题集与记日记

再就是错题集。我喜欢用不同颜色的笔来区分原题、解答和要点。每次的卷子必须经历了如此的订正才肯放手。一张满分的卷子对我来说已经没有什么可喜的了，能够发现自己的不足才是练习的目的所在。

我还有记日记的习惯，当然也只是流水账般记录一些生活点滴，但在日子久了之后回头看看还是颇为有趣的。当然同时也是一个放松发泄的窗口。

有很多人觉得，当为了一个目标在不断奋斗，就必须放弃其他所有的爱好和兴趣，其实不然。我相信滴水穿石，聚沙成塔的力量。一个好的习惯和爱好能够产生极大的力量。例如中午去食堂吃饭，不免要排队等上5~10分钟，这时大多数人会拿出手机刷微博打发时间，但是如果这个时候你拿出的不是手机，而是一本诗集，读上一首诗，又会如何呢？也许你会被旁人当成异类、呆子、文青，但是没关系，也许那首诗的美，已经种在你的心里，并在某个时刻开始生根发芽。

心安理得地做对自己有用的事

乔布斯2005年在斯坦福大学有一个著名的"人生三故事"的演讲。其中一个故事讲的是他在读大学期间练习书法，这个经历锻炼了他的审美品味，从而使得他在后来的苹果产品中特别注重产品的美感，所以这件事情为其传奇式的成功埋下了重要的伏笔。练书法这个事情的收益，对于我们普通人，放在当时和今天来看，都不那么高了，但是这个事情对人生的影响却可以沉淀下来，在某个时空机缘的当口爆发惊人的力量。

所谓成功的人生，就是这样把无数个或大或小的收益累加起来的结果。所以我心安理得地做我觉得对我有用的事，而不要将目光局限在当前。

当一个阶段的生活有了一个确定的目标时，一切都会变得简单起来。我要考大学，最好的大学。所以我放弃了保送同济大学的机会，在清华大学的专业目录里找到了我最感兴趣，也最适合我的专业，艺术史。然后由理转文，参加集训，报名专业考试，这一个过程来的突然又艰难，我却乐在其中。我放下了淘宝的生意和流连忘返的商场。说是奔波一点都不为过。放学时段堵车，于是我往往一路小跑三四站路去画室。顾不上吃晚饭，但一边画画，不时偷吃一口面包我也很开心。那种背完历史倒头就睡得充实感，和为达成目标奔跑在路上的使命感让我每一天都很快乐。我以专业考试上海市第一名的身份考入了心目中理想的大学，这是我应得的。

智商只是不够努力的人的借口

我的幡然醒悟可能有些晚，也走了些弯路，但我从不后悔，也不认为我在高考上的成功与我聪明与否有关。高考是一个只需要勤奋与适当学习方法的角逐，很多时候，智商只是不够努力的人的借口。我很喜欢我的大学。在大学里，我可以体验到完整的集体生活，更棒的是，可以认识各种各样有趣的人。在周围人的眼里，他们都是佼佼者。在我的眼里，他们有一个共同点，就是极强的毅力和超人的勤奋。

在 Deadline 之前也会哭着完成

军训的时候往往有晨训,绕着 400 米的操场跑步热身是我最害怕也是最难以克服的困难。大家踏着整齐的步伐跑圈,不知道什么时候能停下来,也不能够自顾自地放慢脚步。即使教官在一旁声明,"有一点不舒服就停下来好了。"全排的所有人都没有一个掉队的,而我周围的女生,个个都涨红了脸,气喘吁吁。"因为没有人停下来,我也不能停下来。"可能就是这样的想法让大家都保持着队形,而我不得不想起高中时慢跑一圈后大家都纷纷败下阵来的景象。

清华的学生要强,也肯吃苦。这在之后的学习、竞赛中也让我见识颇深。

清华还有一个笑话,叫做"没有完不成的事情。只要有一个 Deadline,任何任务都能完成好,哪怕之前完全不会做的事情,在 Deadline 之前也会哭着完成。"

这可以说是清华同学们一个优点,同时也是一个需要警惕的地方。我们都在人生的道路上奔跑,可能你的身边有很多人,也可能只有寥寥几人。我们不知道是否是在朝着正确地方向奔跑,但我们跑得越快,越是无法考虑我们是否在朝着正确的方向奔跑。我们用健康,用时间,用原本应该享受青春的时间去换来我们想要的 GPA,以后是工作,再以后是升职。人的视角是会变的。每当我们考虑许多年后能够取得的成就,我们总是习惯站在今天的角度去衡量幸福感和满足感。但今天的视角只是错觉,却让你相信自己的目标是正确的。这是我们最容易跑错方向的时候。在清华,努力地做好自己,是最困难也是最重要的事情。

清华在有意识地培养不同性格,不同特长的人才。加强通识教育的同时,也提供了很多可以尝试各种不同新鲜事物的机会。

给自己得一枚傻大胆勋章

首先是跳水。学校开设了一般高校少见的跳水课，并由前国家队教练于芬老师执教。在经历一系列"插冰棍"训练后，我也尝试了从1～3米的跳台。感觉相较于初期的动作水平还是有很大进步，心中小有成就感。由于有了老师全面到位的指导以及陆上的操练，倒也很少被水拍的经历，到了挑战5米台的时候了！我必须得承认这是为了寻求刺激，带有一点点的炫耀性质。从5米台跳下来，仿佛是我颁给自己得一枚傻大胆勋章。事实证明我除了傻也并不大胆，从5米台望下去的水面太遥远，原本隔着幕墙的游泳池也一并收进了眼底，颇有"一览众山小"的气势，心里却有点毛毛的。原本排在前面的几名男生开始谦让，我站到跳台边，深呼吸，再深呼吸。"一，二，三，跳！"我根本忘记了老师交待的要尽力跳起，身体绷直，脚一离开跳板，我就害怕得闭上了眼睛，身体也不禁蜷缩起来，失重的感觉让我的大脑一片空白，"怎么还没到水面！"，我心里只有那么一个念头。果不其然，我重重的拍在了水面上，腿上的刺痛让我恨不得沉到水底。"完蛋了。"我心里默默地想。再浮上水面，只听到老师举着喇叭大声喊"身体要绷直！不要怕！"，周围的同学纷纷投来同情的目光。我痛极了，坐在池边一句话也说不出来。

再上一次5米台？我不要。就那么狼狈的结束了？我才不要。心里的两个小人钻了出来，一个说"我们再去跳一次吧！"，另一个说"好呀好呀！"。我拖着被拍到麻的腿走上了再战一次的台阶。"同学，跳的时候不要怕，越怕摔的越疼，睁着眼跳。"救生员老师对我说，估计也是被我那惊世骇俗的一摔给严重吓到了。

"嗯嗯……"睁着眼睛跳？天哪。我再一次站在了跳台上，呼气，吐气，呼气，吐气。"一，二，三，跳！"游泳馆墙上的大钟由平视到仰视,我顺利地进入了水中,哪里都不疼。"跳的不错,有进步!"于芬老师的鼓励让我欣慰。

接下来的两周,我的腿上由青变紫,由紫转黑,由黑转青,见到这一大片淤青的人总免不了关心几句。我这一跳摔的结结实实,也让我学到了一个结结实实的道理,狭路相逢勇者胜,既然选择了站上跳板就要精彩地跳下去,面对自己选择的路和无法改变的事就要勇敢地去面对。一学期的跳水课让我收获了跳水这项小众运动的基本知识与体验,也让我从中得到了受用的心得感悟与非比寻常的人生经验。

他们用近乎崇拜的眼神看着你

再次是支教的体验。大一时的我由于一个偶然的机会参加了周末的支教活动。支教的地点是在河南沁阳的沁阳一中。我准备了一些学习方法和心得体验和他们分享,也记下了很多清华有趣的小故事讲给他们听。教室里黑压压的近百个人,个个都很认真,你甚至能够感觉到他们的目光是炽热的。他们用近乎崇拜的眼神看着你,连身体都是前倾的,全班七八十个人,甚至有的班拼起来有一百多个人,挤在一个没有暖气没有多媒体的教室,坐在马扎上,很安静地听你一个人讲话。

我给同学们讲我高中时候的故事,讲我曾经也因为放不下初中生活而不愿融入新的集体,讲我也曾经一次一次想要好好读书但也一次一次的松懈下来,讲我也和他们一样,会因为各种琐碎的事难过纠结。

我想说其实我的高中生活并不是他们想象中考入清华的学生那样,直到高三我每天放学还是会从久光逛到恒隆才肯回家,我每个周末都有各种各样的聚会,我一度是状态帝痴迷于社交网络,我曾经一回家就窝在沙发里发短信刷人人和朋友聊天直到睡觉,我的成绩一度让老师们都抓狂没交作业的名单上永远都会有我的名字，我一直迟到然后公然的翘课晚上9点就会睡觉。

我完全不像是个好学生。即使在我是好学生的那些日子里，我看起来也不像个认真学习的好孩子。但我不敢讲。虽然我一直没有看低过自己，我一直保持着对学习的热情与兴趣，我很认真地听课以及我觉得我做的一切关于学习的事情都没有敷衍。可是这些我不能讲。

我怕这会给他们带来一点点的侥幸，一点点的松懈。看到他们桌子上摆得整整齐齐的书，看到他们从早上5点多到晚上近11点的课表，我知道他们输不起。我不得不开始相信，人并不是生来公平的。

他们的经历都让我很感动

在上海长大的我拥有比其他地区更好的硬件设施，师资力量。我有更多的信息渠道，我的父母更开明，我的家庭能够提供比小城镇的家庭更多的经济支持，当然我也会比他们有更多诱惑更多打击，尤其是看着身边的朋友一个个或是出国或是被提前录取。我们的高考虽然不比其他地区简单，但好歹我们身处一个大城市，我们的机会比他们多选择也比他们多。

对于一个小城镇的孩子来说，高考是真的能够改变命运的，也是他们这一生中所拥有的最公平的一次机会。在去支教之前，我问了很多同学关于高三的回忆，他们的经历都让我很感动。

他们回忆起的或许是离开家住在那个昼夜温差30℃的帐篷里写生，或许是临近高考前那一次军训中大家一起笑一起哭的画面，或许是为了梦想不分日夜不思茶饭的那些坚持。不是每个清华的同学都像学霸一样的存在，但他们一定是有学霸的那一面。

两天来的讲课，每一次都会有新的面孔用同样的眼神注视着我。每一次，我问前排的同学下课了没，全班同学都异口同声的说没有。每次我要离开教室的时候，他们都会拦住我拿着本子要签名，要我写句话或者合一张影。我也会一一满足他们的要求，饱含激情地写一些激励的话给他们。我希望能帮到他们，哪怕他们只记得一句话，哪怕只有一个人记得。

我们都有光明的前途

回来后，我的QQ收到了两百多条好友申请，很多学生都在签名档里表示了对我们的感谢与受到的鼓舞，让我倍感欣慰。至今我还和很多学生保持着联系，他们有很多也从一个高中生成长为一个大学生，有的踏入了社会，走上了工作岗位。他们对我崇拜又好奇，会带着各种各样的问题来请教我，而我所做的，只不过是从我的角度和他们一起讨论这些问题，尽我所能地提供给他们一些经验，引导他们去解决这些问题。我不觉得我因为清华这个标签而比任何人优秀，每个人都有自己的长处，每个人都有自己的职责和梦想要去完成。《新华字典》1998年修订本第673页《常用标点符号用法简表》里这样写道："张华考上了北京大学；李萍进了中等技术学校；我在百货公司当售货员：我们都有光明的前途。"

创业：收获一个更好的自己

最后，也是我最近最为之努力的一个方向，就是完成我的创业初体验。我的灵感起源于网上爆红的"最牛简历"，一个由苏州大学计算机专业的大四学生完成的电子版简历，由于其可视化，量化的个人标签与技能展示得到了很多大公司的青睐。在网络上得到了很多学生一族的追捧，而我也就此求职热点，计划开发一个求职社交平台，提供给在校生和初涉职场的年轻人一个与用人单位的沟通展示平台。这个项目得到了学校的支持，也让我体会到了创业的所带来的激情和数不胜数的困难。

然而对我而言，创新是一个充分利用时间，提高自我，实现自己的价值的生活方式。我的性格决定了我不是一个循规蹈矩的人，我向往自由的生活，想象力不受拘束，新鲜的念头总是不断从我脑海中蹦出，而我也乐于尝试生活的各种可能。我在之前也参加过一些科研的实践项目，探索家乡的方言；与感兴趣的实习工作，亲临时尚大片的拍摄影棚；或是尝试新的爱好，一览水下 15 米处的蔚蓝世界……这样的体验让我品尝到了自由的乐趣，也激发了我对更好生活的新想法。我热爱改变，也深知真正的自由来自于强大的自信与严格的自律。我希望自己每天都能过得更充实，能用自己的力量，使社会向更好的方向作出一些改变与进步。

而于我，创业则更是一个积极、明确的工作态度。关于创业，有这样一个理论，我觉得说的很对。当全世界有 5000 人同时想到了同一个好点子，只有 200 个人会去付诸实践。所以，创业于我而言，更重要的是执行力，而非一时兴起的创意与激情。诚然，一个好的创意是很重要的，但归根结底的是执行力。

在这个世界上，时刻都会有更好的创意出现，只有去做，并比其他人做得更快、更好才有成功的机会。而这也并不意味着一味的埋头苦干，相反，只有密切关注着行业内的动态、结合市场需求才能确定自己执行得比其他竞争者更好。创业需要资源，需要团队，需要勇气，需要毅力，我希望通过创新创业收获一个更好的自己，与志同道合的伙伴。更希望能和大家一起将我们所在的世界变的更好。

每一个不曾起舞的日子都是对生命的辜负

让人成熟的不是时间,而是经历。经历多了,才更容易找到目标。这样的尝试丰富了我的生活,也迁移了我的学习重心。我更感觉到了一种成长的阵痛。

我总是犹豫在不同的选择之中,很难判断两个事情哪个更重要,比如两本书看哪一本更有价值我不知道,比如两个证书去考哪一个更有前途我不知道。于是,就成了布吕丹的驴子,在犹豫不决中寸步不行,直至饿死。而更多时候,我表现得像个拖延症患者。我明知道这个事情很重要,就是不去做。一个事情看上去越重要,内心的恐惧感就越大,就越容易拖,最后一事无成。

这让我苦恼不已,现在我正试着放弃一些不需要做的事,虽然很难,并努力将大任务分割成量化的小任务去完成。我正在努力中,但每做一次努力,我就知道我会离更好的自己迈进一步。

尼采说,"每一个不曾起舞的日子都是对生命的辜负"。我知道,每一天我都要做最好的自己。

读凌晨的故事,就像和一个人面对面。凌晨的学习成长经历,有着她个人的意见,这,对于很多人,是遥不可及的。借用她的话说,"每个人独有闪光点",人人不同,成功的路径也不一样,但她对成长、学习、友情、自我认知方面的自觉,值得我们借鉴。其中,她支教过程中的情感流露,透露出一个怀揣大爱的青年人,对社会责任的深刻思考。与优秀人为伍,你也会变得优秀,凌晨同学就是优秀中的一员。

郭怡彤 / 北京大学化学与分子工程学院

在校荣誉：曾获盘古奖学金、先锋奖学金

高中毕业学校：河南省漯河市高级中学

高考成绩：680 分

最喜爱的三本书：《哈佛家训》《狼图腾》《感动故事全集》

最崇拜的人物：周恩来

父母职业：干部

座右铭：我想干什么就一定干成功

一句话形容北大：未名湖畔好读书

想干什么就一定干成功

│ 我的青春因拼搏而无悔

我能够考入北大,的确是来之不易。这与我的家庭环境是分不开的。

我从小生活在一个幸福的家庭中,妈妈在生活上对我关怀备至,同时也并不溺爱,小时候也曾因为调皮任性而挨过不少打。爸爸就像我的指路明灯,教给我很多做人的道理。我总能在与他的谈心中收获许多启发。他也会在我得意忘形的时候给我敲响警钟。

我的父母总是会尊重我的想法和兴趣,给了我很大的自由发挥的空间。在这样的家庭环境中,我逐渐形成了一种待人温和,做事认真细致、坚持不懈、不服输的性格。我的座右铭是"我想干什么就一定干成功。"对于自己认定的事情,我会全力以赴,争取做到最好。在我的成长道路上,这种执着甚至是倔强的性格帮我克服了许多困难,也带给我很大的成就感。能够进入北大,也的确是进行了一番努力拼搏。我的青春因拼搏而无悔!

| 幼年:妈妈同事家的小妹妹

小时候没有爷爷奶奶看我,爸爸工作也比较忙,算是妈妈一手把我"拉扯"大的。幼儿园时代并没有太多记忆,依稀记得第一次被送到学校,妈妈走的时候哭得很厉害,但慢慢也就适应了。还有,就是参加舞蹈表演,细细的手腕上带着表演用的手环,总是怕它掉了。总之就是一些很纯真的模糊的记忆吧。现在看到妈妈同事家的小妹妹,她在上幼儿园,感觉跟我那时候一样的天真可爱。只是听说现在的孩子的家长都会给孩子报很多特长班。这个小妹妹就是参加了舞蹈班,总是喜欢给大家表演,也因为跳得好而参加过一些比赛。听那位阿姨说,是小妹妹自己选的舞蹈,看她表演时也总是大大方方,跳的有模有样,也很开心。我觉得她是真的挺喜欢跳舞,不管以后这能不能作为一项特长发展下去,至少现在她很享受这件事,很用心的在做,通过表演、比赛等也锻炼了她的胆量,带给她一些成就感。而我从小到大从来没有参加过特长班、辅导班,总是由着自己的天性。

很难说哪样好哪样不好,我觉得孩子在那么小的时候还是应该以自由发展为主,同时家长可以给予一定的引导,但要尊重孩子的意愿,否则会揠苗助长。感觉那个小妹妹确实比我那时要成熟一些。我教她画兔子的时候,她总喜欢给兔子画上耳环、口红,想必是已经有了一些爱美的小心思吧。当然这与时代的发展也有很大关联。现在,孩子在幼儿园里的平时活动也比我们那时要丰富许多。从小给孩子多一些锻炼是好事，但希望不要让他们太累，多给他们一些自由发展的空间。过家家等一些看似简单原始的游戏，其实也是他们的成长过程中不可或缺的。当然现在孩子的娱乐方式也与我自己那时不同。有时候看到很小的孩子就捧着手机在玩，我都觉得很不可思议。我觉得手机游戏、电脑游戏更多的是一种消遣，并不能像"过家家"那样对孩子的性格养成、健康成长起到正面作用。而且小孩子的自制能力较差，很容易沉迷于游戏，所以我觉得还是不要让他们过早接触到手机和电脑。这些看似高科技的东西反而满足不了孩子最本质的需求。

小学：心里满是兴奋和成就感

到了小学，进入学校开始正式学习文化知识。小学是学习的起步阶段，也是习惯开始养成的重要时期。我那时没有上幼儿园的大班，而是上了一年学前班，感觉收获更大一些。还记得在学前班时学写汉字，我觉得很新鲜，也学得很认真，虽然连拿笔都还有些别扭，但总能在学校又快又好地完成作业，然后背着小书包高高兴兴地回家。

那时，幼升小可以自由地选学校，所以爸爸妈妈就给我选了一所离家较近、学校管理比较严格的小学。我觉得现在的家长们也不必着急一开始就把孩子送到全市最好的小学里去，我那时候上的小学、初中都不是市里顶尖的。我觉得小学还是离家近些比较方便，学校管理严一些、校风端正就可以。而且现在升学管理比较严，所以小学阶段没有必要一味追求最好的学校。毕竟学校环境只是一方面，孩子自身的努力和家庭教育也很重要。

妈妈说我个头最小

小学还是给我留下了许多难忘的回忆。我觉得我的小学阶段大致可以分为两部分，一、二年级为第一阶段，三、四、五年级为第二阶段（我那时候小学是五年制）。这是由我对周边世界的认知和心理的变化划分的。在小学一、二年级还处于一种年幼懵懂的状态，没有什么复杂的心理，十分的简单纯真。但在学习上还是很认真的，总是努力把字写的像书上印的一样，也时常得到老师的表扬。小学一年级时，我还自愿参加了珠心算比赛，因为学的比较认真，所以表现还不错。我上小学时是6岁，算是年龄比较小的，个头也比较小。比赛结束后，来看我比赛的妈妈说我个头最小，每次还都能最快地举起答案，这让我到现在都还觉得很自豪，也增强了我的信心。比赛规则是把算出的答案写在一页纸上，然后举起。比赛中有一个小细节是我一着急，有一页纸翻不开了，就在这时，我一抬头看到了观众席中的妈妈，她示意我把这页纸翻过去。于是就化解了这场"危机"。

孩子年幼的时候往往会被一些大人们看起来鸡毛蒜皮的小事所困扰，心里感到很不安。这就要求家长们能够细心地观察孩子的一举一动，在他们焦虑不安的时候及时发现问题所在，与他们沟通，给他们引导与安慰。同时，在他们有好的表现时及时加以肯定和鼓励，帮助他们树立自信。不要总是拿自己的孩子与别人家的孩子比，每个孩子有自己不同的天性与特质，即便在有些事情上做的不如别的孩子出色，也一定会有一些别的方面比别的孩子优秀。要善于发现他们身上的闪光点并加以肯定。

相比之下我想起了小学二年级时的数学老师。当时我本来要打算继续参加珠心算比赛，但因为有段时间状态不太好，被老师骂了一通。结果我自己觉得很受挫，最后放弃了比赛，也从此与珠心算无缘了。所以还是希望老师和家长能多给予孩子鼓励，在孩子表现不好的时候也能多与孩子沟通，及时发现和解决问题，在孩子的成长道路上助他们一臂之力。

小学一、二年级的时候，我性格比较内向，还记得课间总是在教室外面看别的孩子玩，自己却很羞涩，不大有勇气加入他们。到了小学三年级，好像一下子变得成熟起来，也有了许多小心思。当时当上了班干部，性格也开朗了许多。三年级是比较任性贪玩的一年。有一次老师已经进教室上课了，我还和小伙伴在外面跳皮筋。从小到大，我唯一一次跟别人吵架，也发生在那个时候。到了四、五年级，自觉性强了许多，性格上也比三年级时有所收敛。给我印象最深的是五年级时参加了数学竞赛，当时是纯粹出于兴趣和特长自愿报的名。

数学老师很欣赏我

训练还是挺辛苦的，总会在每天放学后留下来培训一两个小时。但因为自己喜欢，也并不觉得辛苦。确实是做了不少训练，妈妈也给我买了一本奥赛书（后来发现我们老师用的参考书也恰恰是那本，看来妈妈还是经过了一番精心挑选的）。慢慢，我的水平有了很大提高，自信心一点点增强，就更喜欢自己动脑筋去攻破各种难题了。记得有一次，在集中培训时老师出了一道题，大家都埋头苦想了好久没有想出答案。最后，我灵机一动想出了一种可行的方案，老师就让我到讲台上去讲给大家听。我想出的并不是标准答案，但也得到了老师和同学的一致认可，这件事极大地增强了我的自信心。是不是标准答案又怎么样呢？在自己灵光一闪的一刹那，心里满是兴奋和成就感。当然也会有状态不好的时候，有一次数学竞赛的小测试我只考了40多分，而最高分有70多。但我并没有气馁，也没有太在意这一次的分数。我相信自己的实力，像往常一样继续努力。在这其中，我也懂得了"人外有人，天外有天"的道理。有一位跟我关系很好的同学，她在数学方面的确是很有天赋，有一些让我们其他人都觉得无从下手的题目，她总能很快解出来。她的天赋是为我们大家所公认的。我不会拿自己跟她做盲目的比较，而是对她抱有一种很欣赏和佩服的态度。毕竟每个人的天赋秉性是会有差异，保持一颗平常心还是很重要的。当时我的那位数学老师很欣赏我，给了我很大的肯定，也经常会当众表扬我，有时连我自己都不好意思了。但这的确给了我极大的自信心。同时在这些表扬之下也感觉到一些小小的压力，并化压力为动力了。

在小学阶段我并不是所谓的"尖子生"，成绩只能算是中上等，只有一次考了全年级第一名还觉得自己是瞎猫碰上死耗子了。到了高年级把很多精力都花在了数学竞赛上，平时的学习成绩也比较一般。但我觉得那时参加的数学竞赛对我影响很大。并没有受老师或家长要求，是自己真的喜欢，并愿意为之付出。在攻克一道道难题的过程中，我的思维得到了锻炼，培养了我刻苦钻研的精神。最后也取得了不错的成绩，提升了我的自信心，获得了成就感。这可能也是我第一次真正很用心地长期坚持不懈地去完成一件事。其间也结识了一些好朋友。曾与他们一起每次放学后去到不同地方培训，曾与他们一起挑战难题比比谁先想出来，曾与他们一起分享智慧与灵感的火花。很多时候，我们不会是一个人在"战斗"。

每天写读书笔记

小学时候，妈妈每天都会接送我，慢慢的等大一些了也能自己与同学结伴回家了。在学习上爸爸妈妈并不怎么管我，有时候老师会让家长检查作业并签字，妈妈也总是会让我自己先检查一遍再给她看。对于平时的考试也没有看得很重,妈妈只是说"有做错的题,如果是因为不会而做错的,我不会怪你,但如果是因为粗心大意而做错的就不可以。"慢慢地我养成了细心检查的好习惯。小学阶段是习惯养成的重要时期。比如上课认真听讲、按时完成作业等基本的习惯都应该在小学就养成了。我那时还有一个好习惯是每天写读书笔记,每天读上一两篇简单的作文,摘抄其中的好词、好句、好段。一开始是老师这样要求的,后来慢慢成了我自己的一个习惯,就是大年三十也没间断过。这样日积月累,为我打下了扎实的语文基础,在日后初中的语文学习和写作中也受益匪浅。

爸爸再帮我写一次

小学时候学校里经常会有一些征文比赛,因为爸爸文笔比较好,我每次都会缠着他让他给我写一篇,然后我自己誊写好,拿去学校里参赛,爸爸写的文章自然是与其他孩子的文章不在同一水平线上的了。每次我参赛的文章被展出、我去领奖,心里暗自得意。这个坏毛病一直延续到初二,有一天我兴致勃勃地又去缠着爸爸帮我写作文,他突然很坚决地说:"我不会再帮你写了,想参赛就自己写"。这对当时的我来讲无疑是"晴天霹雳",第一反应就是求爸爸"再帮我写这一次",但他的确是因为这件事很生气,态度也很坚决。于是没有了爸爸帮我"作弊",我开始自己写作文了。其实我那时的语文功底还不错,就是对爸爸产生了依赖心理,总想偷懒赚便宜。后来就开始真正自己构思,打草稿,一遍遍修改,再认认真真誊写。这才是我自己的劳动成果啊!所以父母可以给孩子必要的指导和帮助,但在原则问题上不能让步。

我觉得小学处于学习的起步阶段,主要是为以后的学习打基础,家长们不用太在意孩子有没有考"双百",学习习惯的养成和一些知识积累才是最重要的。要注意帮助孩子养成自觉学习的好习惯，让它们远离网络等的诱惑。我不太赞同父母给孩子额外辅导功课或者请家教、买学习机什么的。让孩子在学校里好好学就足够了，没有必要回家以后再加班加点。这样做效率很低，会把孩子和家长都搞得很累，也剥夺了原本属于孩子的休息和自由玩耍的时间。

举个身边的例子，小学二年级时我们班上有个学习很好的女孩子，她在年级的排名总是数一数二。她的妈妈正好是我们年级的一位老师，总是在家花很大功夫给女儿额外辅导功课，可谓是把各个知识点和题型都讲遍了。虽然她的女儿学习很突出，却是花了是别人好几倍的时间和精力换来的。她的孩子可能只是暂时掌握了一些死知识，却并没有太大潜力。到了高年级，随着知识量、灵活性的增加，再这样做就会有些吃力，效果也并不好。后来她的孩子就成绩平平了。所以家长们不必太计较一时的得失，也不用担心孩子会不会输在起跑线上。还是要注意培养孩子的潜力，毕竟这是一场马拉松，一开始就拼尽全力一马当先的人不见得能笑到最后。还是要用长远的眼光看待孩子的发展。

5角零花钱

在小学阶段，孩子的价值观、世界观开始慢慢有了雏形。主要是受周边环境的影响和孩子自己对世界的感知。孩子会有一些天性受到环境的诱导而显现出来，然后又很容易受到环境的影响而被慢慢塑造。所以家长要尽可能多地关注孩子的成长，而不只是学习。可以每天与孩子分享当天在学校里发生的大小事，记住他们经常提到的几个小伙伴的名字，多留意他们的想法，试着从孩子的角度看问题，必要时给他们一些鼓励、建议与提醒，与孩子共同成长。

关于爱好的培养，在小学阶段也已经初具雏形。记得小学一年级时第一次拿到妈妈给我的5角零花钱，我没有去买零食，而是买了一本画画的临摹本，自己没事时就拿出来描一张。从那以后就渐渐爱上了绘画，直到现在绘画还是我的一项重要爱好。小学三年级的时候还报名参加了学校里的书法班，在学校里跟老师学了基本的运笔等基本的知识，回家以后就自己饶有兴致地练习起来。老师让我们每人交一篇书法作业，我写了好几次自己都不满意，最后终于写出了一篇自己觉得还不错的。后来还被老师表扬我态度认真。

我做很多事情都是这样，有点追求完美，总是努力做到最好。对于现在的孩子，我觉得从小能发展一两项特长对他们以后的发展是很有利的，也有助于性格的塑造和意志的磨练。关键是要孩子自己喜欢，并且能够坚持下去，从中获得快乐、自信与成就感。有些时候也没有必要学的很专业，只要孩子有兴趣，愿意自学，把这作为一项业余爱好也是很好的，能够在潜移默化中影响他们的性格，陶冶情操。

三岁就开始接触英语

还有值得一提的是外语的学习。我觉得还是尽早让孩子能够接触到外语，即便没有像母语一样得天独厚的学习环境，对日后外语的进一步学习和掌握也是很有益的。

以我自己为例，我是从三岁就开始接触到英语了。当时妈妈会教我一些简单的日常用语。比如指着苹果告诉我这叫做"apple"，还有一些挂在墙上的图文并茂的贴画。并没有很刻意地去给孩子灌输，就在日常生活中给与一些引导，这样在不经意间就学到了很多简单而有用的东西。在学校里从小学一年级就开始学英语，我也学得很认真，上课总是大声地跟着老师读，妈妈也给我买了与课本配套的磁带，总是自己在家拿收音机听，试着去模仿标准的读音和语调。经过长期的学习与积累，我也能说一口标准地道的英语了。上课时老师也经常让我领读课本中的课文与对话，这对我也是一种很好的锻炼。记得有一次读到一则对话中的"Terrible！"老师和同学们都笑了，可能是我读得太投入、太有感情了吧。但我觉得外语的学习就是这样，即便没有像母语一样先天的学习环境，也要尽可能将其生活化，不要把它作为一门死知识，语言是一种交流的工具，语言的的学习需要一点一滴的积累。

小时候在生活中有时候妈妈也会用英语跟我对话，尽可能创造一种学习的氛围与环境。语言的学习的确是听、说、读、写一样都不能少。在学习的起步阶段可能更加偏重于听和说，这两项也是语言能力的重要体现，是不太可能在短时间内得到提高的，需要长时间的积累。小时候妈妈给我的引导和小学时扎实的语言积累，为我之后的外语学习打下了很好的基础。

总而言之，小学是学习的起步阶段，要树立端正的学习态度，养成良好的学习习惯，树立自信心。不必太在意考试分数和名次，要注意知识的积累，拓宽知识面，培养一些兴趣爱好，磨练意志品质，这些对于孩子长远的发展都是很有利的。

初中：每次都是全年级第一名

由于小学阶段成绩并不十分突出，我小升初的成绩也只能算是优秀，而不是顶尖。但当时班上有个女孩子，跟我成绩差不多，我一直把她看做是我的竞争对手。小升初的时候她比我考得要好，我心里一直很不服。刚好我们进了同一所初中的同一个班级。我心里就暗暗下决心：我一定要比她学得好，我一定要证明自己的实力。于是我很努力地学习，也有意无意中会拿自己跟她作比较，如果自己在什么事情上比她做得好，心里就会暗自得意。现在看来，我当时的这种心理其实是不太健康的，但这样的竞争对手的存在，的确给了我不小的压力和动力。第一次考试我就考了全年级第十名，心里还是有些激动的。成绩出来后妈妈告诉我说我只比全年级第一名少10分，我忽然觉得自己还有实力再往前冲一冲，无形中也对自己有了更高的期望和要求。

平时上课我总是听得很认真，有一些老师扩展的知识点，我也都会认真地做笔记。有一次我的英语老师说我的笔记中都涉及了一些比较偏僻的知识，可能到高中才会学到，她只是上课时随口一提，没想到我都完整地记录下来了。本来我的基础就比较好，课前也做了一些预习，所以上课是比较轻松的，很容易跟着老师的思路走。

想想我当时上课真是特别专心，甚至要把老师上课讲的每一句话都记在脑袋里了。所以我的知识体系是非常的全面，即便考试考到一些比较偏僻的知识点，我也都能答上来。就是有些时候容易粗心，但因为平时做了很多练习，基础知识特别扎实，考试时总能很快做完，留出不少的检查时间，这样因为粗心所犯的错误就很容易在检查中被发现，考试中总能取得惊人的好成绩。自从初中的第二次考试开始，直到初三大大小小的模拟考试，我每次都是全年级第一名，所以在学校里也就成了"神"一般的人物。因为平时学习的确是很刻苦，上课认真听讲，课下除了完成老师布置的作业以外还会做自己买的跟课程配套的参考书。本来初中的知识量就比较少，经过反复的练习，知识点早已经掌握的滚瓜烂熟了，所以考试时总能得心应手。

寒冬里跑早操格外严酷

我就读的初中是一所很普通的镇中，正好是我小学的对口中学，离家也比较近。在上大学之前，我一直都是走读。一方面因为年纪小，还不太独立，不愿离开温暖的家，另一方面家里的环境确实要好些。每天早上大概六点半起床，睡眼惺忪中就来到了学校，早上会有早操。在寒冬里跑早操是一件格外严酷的事情。天都还不亮，要跑很远的路程，迎面而来的寒风特别刺脸，总是跑的上气不接下气。但我也从来没有偷懒，总是奋力地一直跑到最后。我把这作为一种磨练自己意志的机会，总是咬着牙坚持下来，身体素质也得到了很大的提高。

前不久，在北大我还参加了冬季越野长跑，有几百人参加，也是抱着一种"重在参与"的态度，想要体验一把。一开始我站在队伍比较靠后的位置，发令枪响后就只能跟着大部队缓慢地蠕动。但慢慢的差距就拉开了，我在人群中开辟道路向前穿行，开始有一些人落在我身后，慢慢找到了属于自己的位置和节奏感。不知不觉中已经跑到了未名湖。平时也经常到这边来，但每次到湖边，我总是不经意地放慢脚步，去领略那熟悉的风景，每次都会有不同的感觉。冬日暖阳下，湖里微微起着波纹，给人内心的宁静和温暖。即便身在途中，要向着目标进发，也不要忘记欣赏沿途的风景。跑过 2000 米左右，我前面的人已经很稀疏，脚步也变得有些沉重了。其实这是一项就像平时健身一样的比赛，可以自由把握节奏，累了随时都可以停下来休息。身边也有许多同学走着休息。其间，有几次都想停下来走一会儿，但不知道为什么，我总是停不下自己的脚步。可能是因为我觉得这会是一次宝贵的人生体验，不愿意留下什么遗憾，总是希望能战胜自己，也收获一份成就感。我是一个很愿意去尝试新事物的人，总希望能丰富自己的人生经历，这样能让自己的生活更丰富，也有助于日后灵活应对各种情况。

每天都会午休半小时

跑完早操，就开始上课了。学习还是挺紧张的，每天上午、下午各有两节课，晚上有晚自习，一般也是老师讲课，到初三每周末就只能休息半天，每月才会周末休息一次。对于每天的午饭、晚饭时间，我也总是抓的很紧。中午回家吃饭会比较费时间，但妈妈又怕我在学校里吃不好，所以会每天送午饭给我，风雨无阻。吃过饭差不多就回教室里自习了，每天在学校里学习很刻苦，基本上没有太多玩的时间。但我也有一个好习惯，就是每天中午都会午休半小时左右，这样下午就能保证有充沛的精力。午休的习惯我从小到大都一直保持着。晚上放学回家我都会再吃一顿夜宵，而且喜欢看一会儿电视，这样紧绷了一天的神经就放松下来了。之后可能会再回到房间看一会儿书，看累了自然就去睡了。我晚上一般都不熬夜，总是在11点钟之前睡觉，即便到中考之前也是如此。因为白天在学校里的学习时间其实已经足够了，关键是要提高效率。劳逸结合是很重要的，真的已经很累了再强撑下去也没有什么意义，还可能会导致白天精力不济，那就得不偿失了。关键还是要把握好课堂时间，因为老师毕竟有着丰富的教学经验，跟着老师的思路走，能帮助我们少走很多弯路。如果上课没有好好听讲课下想要补回来就要花费更多的时间和精力，事倍功半。

把我作为刻苦学习的典范

前面也提到初中时候从第二次考试开始，我每次考试都是全年级第一名。一方面是因为我上的中学是一所很普通的镇中，尖子生并不是特别多，竞争压力会小一些。另一方面我自己学习的确很刻苦。记得 2008 年汶川地震时我正处于中考前夕。看到教室里天花板上电灯的摇晃和经过一阵眩晕后，有同学大喊一声"地震啦！"于是大家就一窝蜂地涌出了教室，在操场上集合。当时，我们那里有稍许震感。过后一段时间，大家都在操场里观望，也并没有什么动静。很多同学回教室里搬了凳子出来在操场里坐，我也回去搬了凳子，还顺便夹了本书出来，坐在操场里看书。这件事后来还被我的老师提到，把我作为刻苦学习的典范。其实我并不推荐大家像我当时一样那么拼命地学，至少在初中阶段真的没有必要。因为这种学习状态在带给我好成绩和荣誉的同时，也带来许多负面问题。我当时只专注于学习，在人际交往上几乎一塌糊涂，身边没有什么好朋友，再加上我本身性格比较内向，甚至都很少跟周边同学讲话，所以导致他们都觉得我很神秘。而且学习压力也比较大，因为总是考第一名，肯定会受到老师的特别关注，要想保持下去，就要一直不停地努力，一刻也不能放松，不然就会觉得自己退步了，被其他同学超过了，也辜负了老师的期望。所谓"高处不胜寒"吧。另外只关注书本上的知识，而没有去广泛涉猎，开阔视野，知识面也比较窄。所以我觉得自己在取得优异成绩的同时，也失去了很多宝贵的东西，比如友谊还有很多本该属于那个年纪的欢乐。还是希望孩子们能够更加全面地发展，学习、生活、人际交往等各方面都要兼顾到。在学习方面养成良好的学习习惯，打好基础，树立自信心。

不要为考试而学习

这里还想谈一下我对中考的认识。现在由于学校老师的严格要求和来自父母等的压力，孩子的升学压力越来越大。我觉得很多学校、老师都把升学考试看得太重了。一方面本着对学生负责的态度，希望学生都能取得理想的成绩，进入到理想的高中；另一方面学校也想要通过提高升学考试成绩来提升学校的声誉，争取获得更好的生源，促进学校的发展。老师也可能会为了提高自己班级的成绩而增加学生的学习压力。有些时候可能只是迫切希望学生能在中招考试中取得理想的成绩而忽略了孩子以后的发展。对某些人来说，中招考试可能会是他们人生的转折点，他们可能会因成绩不理想而与理想的高中或班级擦肩而过，或是需要花费父母的钱成为"择校生"，甚至会在初中里复读一年而耽误了以后的发展。对于一些对升学不太有把握的同学，的确是需要加把劲，抓住机会拼搏一把，争取进入理想的高中和班级。而对于尖子生来说，其实没有必要把中招考试看得太重，也不必要求自己一定要发挥的很完美，或是一定要争取什么样的名次。因为对于这些学生，以后的路还有很长，还会有更大的挑战在等待着他们，应该更加注重潜力的培养。我初三时的数学老师就很注重这一点，他不是简单地向我们灌输知识，而是侧重于交给我们解题的思想，告诉我们"万变不离其宗"，教会我们站在一定的高度来看问题。同时他也经常给我们延伸一些知识，这些可能并不是初中教学大纲里所要求的，但却能够为日后该学科的进一步学习作铺垫。

　　事实表明，我确实在后来高中数学的学习中用到了它们，这些知识就是介于初中和高中学习中的一些空缺部分。正是由于这位老师的"深谋远虑"，给我以后的学习打下了良好的基础。学习永无止境，无论什么时候都要以长远的眼光看问题，总要为日后的进一步学习积蓄力量。现在有些学校或老师为了提高学生的升学成绩，可能会只教给学生考试大纲中所要求的知识，这对于学生的长远发展可能是不利的。我初中时候最喜欢的一门课是生物，恰恰是中招考试中不考的科目。不要为考试而学习，而是为求知而学习。通过学习来充实、提升和证明自我，这才是学习的真正意义所在。

给我们讲了两节课的《红楼梦》

初中阶段也有不少老师给我留下了深刻的印象。有一位我初一、初二的语文老师，他讲课幽默而又深刻。他很喜欢研究《红楼梦》，有一次本来是要上作文课，结果不知道怎么地提到了《红楼梦》，于是老师就饶有兴致地给我们讲了两节课的《红楼梦》，我们也都听得很起劲。老师与我们分享了他对红楼梦的一些研究和看法，比如从贾府和宁府的日常饮食看出当时家族的繁盛与显赫。对小说中提到的一些细节加以剖析，都可能会发现很多有意思的问题。这堂课极大地激发了我对红楼梦和文学研究的兴趣。包括平时上课老师也不仅仅局限于课本上的内容，总是不经意间会给我们讲一些课外的有趣的东西。这使得课堂生动有趣，很能够吸引我们，也在不知不觉中学到了很多有用的东西，拓宽了知识面。还有一位教我们生物的老师，她待人处事十分的热情和善，也经常会教给我们一些生活中的道理，一直很受同学们的欢迎。她的这种人格魅力也一直影响着我。

高中：树立了要上清华北大的梦想

初中每次考试都是全年级第一名的我，中考时发挥的并不是很理想，在区里只占到了十多名，学校里也不是第一。这让当时的我很受挫。

我觉得自己的心理素质一直都是很好的，分析考试失利的原因，一方面是因为平时只局限于学校这个小圈子里，从来没有跟其他学校的高手们有过较量。另一方面正规考试的题目在考察重点、题目难度与综合性、出题水平、能力的考查等方面都与平时的模考有一些不同，对待平时考试得心应手的我在中考中并没有占据太多优势。当然，当时的我可能没有想得这么全面客观，考试中没有取得理想的成绩，也觉得辜负了老师和父母的期望，心里很失落。同时又觉得很不服输，急于想要证明自己的实力。

中考之后又参加了市里高中"宏志班"的特招考试，如愿以偿地进入市里最好的高中的最好的班级——宏志班学习。当时心里一直很不平衡，记得在参加宏志班的特招考试时我写的作文就充满了"慷慨激昂"之词，诉说心中的"不平"和抱负。在进入高中的宏志班之后，记得有天晚上我在家里还写了一封"宣誓书"，其中表达了考上宏志班后的兴奋，因为我觉得这是对自己实力的证明。也立志要在高中默默努力，在三年后的高考中为自己"翻身"，也是从那时起就坚定地树立了要上清华北大的梦想。其实在高中三年，我也时常会想起中考的失利，以此激励自己发奋努力。

还有一件事对我影响很大。在中考结束后，我除了参加市里宏志班的特招考试外，还去省里的北大附中分校参加了特招考试。当时并没有要去那里上学的打算，只是想去锻炼一下自己，也并没有刻意准备。没想到考到之后居然拿到了第一名。这让我收获了一份额外的惊喜，也帮助中考受挫的我重拾自信。无论什么时候，自信都是很重要的，要相信并努力证明自己的实力。很巧的是那所学校正好是北大附中在河南的分校，想想这也算是我和北大的一种缘分吧。

高中知识容量更大

到了高中，知识容量和难度都有增加，也经常会出现中考状元不再像从前一样"牛"的情况。而我一直没有松懈，也觉得自己还是很有潜力的。我告诉自己,进入高中,就是一个新的起点,要继续努力,为梦想而拼搏。本来自己的中考成绩并不是特别突出,也不必承受很大压力,就是想着努力冲一冲,拼一把。

一开始进入高中,可能会有些同学不太适应,觉得学习不像从前那样得心应手了。我觉得主要是因为初中和高中的知识联系并不大,相比初中,高中知识容量更大,难度也有所增加。对于这种情况,我觉得先不要着急,还是踏踏实实去学,如果学习方面感到有些吃力,可能就需要投入更多的时间精力,改良学习方法。

通过做题来熟练和巩固

学习方法因人而异,下面就来跟大家分享一下我的学习方法。首先还是要把握好学习的几个基本环节,即课前认真预习,上课认真听讲,课后及时复习和完成作业。高一、高二一定要把基础打牢。首先要把基础知识掌握好,然后可以通过做题来熟练和巩固。如果连最基本的知识都不会就去盲目做题,一切也只能是空中楼阁,很可能事倍功半。当时我在高一、高二时晚上上晚自习,自习时间总是很充裕。到高二下学期,高中的课程内容已经学了一大半,我就开始找一些高考题来做。让自己能够尽早熟悉高考题的题型、难度和考试重点,为高三备考做准备。因为我高一、高二基础打得比较扎实,到高三复习起来还是比较轻松的。主要就是跟着老师的复习节奏走,再把以前的基础知识回顾一遍达到非常熟练,然后适当做题巩固,尤其是要做高考题。到最后的备考冲刺阶段,老师会发给我们大量的练习题,我总是会有选择性地来完成,因为有些题目早已经烂熟于心,再去重复也没有意义。当时我的各科成绩都比较均衡,相比之下语文可能稍差些,所以语文老师总会给予我特别关注。

我的写作很有自己的风格

他告诉我其实我的语文功底还是不错的,只是在一些解题规范上还有不足,只要能注意到这些,就很容易提高。事实也的确如此。

在答题时我总是写得太过简略,不够有说服力。在老师的指导下我试着把语言表达丰富起来,围绕要点去展开。慢慢的我的答题规范和习惯都有了很大改善。

在作文方面,老师还特意把我之前写过的文章收集起来,从中发现我的写作特点。他告诉我,其实我的写作很有自己的风格,要坚持我自己的风格,同时适当加以规范。他也交给我们一些写作的技巧,在考场上还是很实用的,能够很快理出写作思路。但他也告诉我们,思想才是文章的灵魂,如果有更好的想法,也可以不拘于形式,写出自己的特色。

在老师的指导下,我的语文成绩有了提高,能够跟其他学科齐头并进了,各科全面发展也成为我的一个优势。

选一些高质量的题来做

在数学和理综方面,我觉得还是要多做题。题目的选择很重要,我一般会选一些高质量的高考题或模拟题来做。

做题时注重效率,把平时练习当做考试来完成。同时把握住重点,不必在一些偏难怪题上浪费时间。

从初中到高中,我一直都有记错题本的习惯。不只是错题,还有好题。即在平时做题的过程中把一些容易犯错的或设计很巧妙的题目记录下来,加深印象,多次再现,尽量保证同一道题不要做错第二次。这样日积月累,对知识的掌握也就更加全面牢固。同时做题时要特别注重解题思想,分析出题人侧重考查的知识点,将所学知识融会贯通，做完题后及时总结和思考，尤其是对于不会或做错的题目。看看自己错在哪里，有哪些点没有想到或容易出错。千万不要为了做题而做题，不要在茫茫题海中迷失了方向。每做一道题都要有其效果，避免重复劳动和做无用功。

关于解题思想，我觉得我高中的两位数学老师都很注重这一点。看到一道题，就要明白它考察的是哪些知识点，属于哪种类型，有哪些常用的解决方法，有没有什么陷阱在里面，待理清思路后再动手去做。

选一道自己认为比较好的题目

学习是需要不断积累的，不可能一蹴而就。

记得在高二下学期时我们物理老师让我们每个人选一道自己认为比较好的题目，可以在已学过的知识范围内任意选择，每天在小黑板上抄两道，大家一起来做，然后老师会讲评。这样每天只需要抽出短短的半个小时，长期坚持下来也会有很大收获，等于是把学过的很多知识点都复习了一遍。

相比初中，高中的知识容量还是比较大的，所以如果平时没有打好基础，仅靠最后的几个月冲刺是很困难的。至少在一轮复习时就要把基础打得很牢，再在此基础上做题巩固。

吃夜宵和看电视

到了高三，忽然间就觉得高考离自己很近了。到了最后备考冲刺的阶段，确实是很辛苦。每天都会有排山倒海的试卷涌来，学校每周都会组织一次小的模拟考试，每4周才能过一次周末。这些模拟考试已经不再是原本意义上的考试，它的意义在于帮助我们查漏补缺，找到考场上的状态。所以没有必要太在意模考的成绩，只要能认真对待每次考试，从中有所收获，不断进步和完善，找到自己的定位，这些考试的目的也就达到了。

　　高中三年我一直都是走读，每天自己骑车 20 分钟左右到家。一方面锻炼身体，另一方面也可以放松大脑。到家以后也还是像初中一样有吃夜宵和看电视的习惯。即便到最后冲刺阶段晚上也很少熬夜，一般累了就去睡了。还是效率最重要，一定要劳逸结合。

　　高三下学期有段时间觉得学习压力好大，连续的感冒也让我的神经几近崩溃。最困难的时候是我的梦想在支撑着我，书桌上放着几年前去清华大学参观后带回来的校徽，也醒目地写着我的座右铭——我想干什么就一定干成功。

　　随着高考的临近，感觉梦想离我越来越近，我愿意为它奋力拼搏。不管最后结果如何，只要自己努力了，就无怨无悔。最后在高考中，我的数学发挥的不太好，有点小小的遗憾，但还是很幸运地考上了北大。

　　虽然有一些小遗憾，但自己尽力了，一切付出也都是值得的。人生能有几回搏，我为自己喝彩！

考上北大的都是精英

　　来到北大，才真正开始了解北大，也渐渐爱上了北大。

　　静园草坪、未名湖边，这些都是我最爱去的地方。古朴的建筑，如画的风景带给我内心的宁静和归属感。

　　在学习上，因为我就读的是理科院系，课程比较紧张，也有一定的难度。能够考上北大的自然都是精英，每个人都有自己的过人之处，所以竞争压力也比较大。

抹去名校的光环，一切都要从零开始。在这里，你不会再像从前那样被老师和同学捧到天上，你只是北大校园中再普通不过的一员，所以有时候会出现存在感的缺失问题。为了找回自我，就要重新找到方向，树立自信，继续前行。

我的大学生活已经过去了一半多，已经熟悉了这里的一切，也对自己的未来有了明确的规划。北大为我提供了优越的环境和资源，为未来发展提供了一个很高的起点。

我一直很热爱北大，热爱自己的专业，希望毕业后能出国深造，去追寻我多年的梦想。待学成归来之时，我希望能再次成为北大的一份子，为北大创建世界一流大学尽一份力。

在此也想对心怀大学梦的同学们说：北大，值得你为之努力拼搏，等你在北大！

专家点评

郭怡彤同学在小学阶段,成绩并不突出,只是到了初、高中阶段,成绩才开始崭露头角。因此,在幼儿时期,过度关注孩子的成绩,不一定能带来积极的效果。郭怡彤同学的分享中体现了她成功中很重要的几个特质:目标清晰、认真刻苦、学习得法、劳逸结合。高材生成功的三大黄金定律中,有一条就是"高效的学习与坚持不懈的努力",这一点,在郭怡彤同学身上体现的淋漓尽致。"人生能有几回搏","为自己喝彩",积极的自我暗示,对一个人的成长,也有重要的作用。

孔令晨 / 清华大学建筑学院建筑系

所获荣誉： 新生奖学金、学业优秀奖学金，
清华之友—恒大奖学金等

毕业学校： 天津市武清杨村一中

高考成绩： 676 分

最喜爱的三本书：《鲁滨孙漂流记》《深牢大狱》《女心理师》

最崇拜的人： 母亲

父母职业： 父亲工人　母亲会计

座右铭： 处在什么位置并不重要，重要的是你将朝向何方

一句话形容清华： 充满机会的地方

当优秀成为一种习惯

我们每一个人都是由自己一再重复的行为所铸造的,因而优秀不是一种行为,而是一种习惯。—— 亚里士多德

︱ 对成功有着极大的渴望

1992 年的春天,我来到了这个世界。我的家庭是一个很普通的三口之家,我的妈妈是一名会计,她是个非常精明能干的女性。我的爸爸是一名普普通通的工人,但是跟很多父亲不一样,我爸爸是个心思特别细腻、极有耐心的人。

我这个人虽然没有什么太精通的东西,但兴趣爱好比较广泛,什么都涉猎一些。读书、美术、动漫、跳舞、唱歌等兴趣爱好,不仅帮助我结识了众多的朋友,接触并融入了不同的圈子,也培

养了我活泼开朗、热情大方的性格特点。小时候，常常见到父母辛苦工作的场景使我非常珍惜别人的劳动成果，也深谙什么都来之不易、都要珍惜的道理。可能受父母影响，我是一个比较安静的人，喜欢一个人静静的思考，不喜欢被打扰。不过，我的兴趣爱好还是非常广泛的，我喜欢唱歌跳舞，还喜欢读书和绘画，尤其喜欢画水彩。我觉得画水彩时，颜料在水的作用下在纸面上流动，那晶莹剔透的样子，让人感觉非常纯粹动人，纯洁美丽。

也许是家庭的朴素平凡，以及父母对我的殷切希望，让我对于成功有着一种极大的渴望，从小就不愿落人后；而纯朴善良的父母则教会了我诚实守信、与人为善的处世原则；这些年所受的教育又给予了我广博深厚的知识内涵，尤其是大学4年对我的影响，让我感到每一年的自己都很不一样。

对于我来说，考入清华大学是一个水到渠成的事情，它不是一个偶然，而是一个必然结果。有人说考上清华北大的那些人是不是都是智商比别人高呢？这个我不敢说，但是我不觉得智商会是一个人能不能考上清华北大的决定性因素。而且我认为一个人成为一个什么样的人，是他自己发展的结果，是后天形成的。在这里，我想借用古希腊哲学家亚里士多德的一句话：我们每一个人都是由自己一再重复的行为所铸造的，因而优秀不是一种行为，而是一种习惯。我觉得这才是一个人能否成才的决定性因素。

幼年：我喜欢上了优秀的感觉

很小的时候，妈妈就开始教我背唐诗。两岁时，我已经能背20多首唐诗了。那个时候，早教还没有现在这么时兴，妈妈比当时很多家长还要早，开始对我进行教育。爸爸妈妈带我出去时，总会让我向亲戚朋友们展示我的背诗才艺。一开始学诗时，我也挺不愿意学的，尤其是看到别的孩子都在外面玩，我就更不想学了。但每当在亲戚朋友面前背完唐诗，大人们都夸我多么聪明，说我将来一定有出息。听了这些话，我开始渐渐意识到原来比别人做的好、比别人多做一点点就叫做优秀，优秀就会受到亲戚朋友们的夸奖，能看到爸爸妈妈脸上开心的笑容，优秀真好。从那时起我就喜欢上了优秀的感觉。妈妈再教我背诗时，我都特别有兴趣，背的特别快，背完后还想让妈妈多教我一些，因为我觉得自己只有不断进步，才能永远保持优秀，不被超越。

非要把每一个动作都做得特别好

小时候的我还不是很懂事，但是只要听到人们说怎么做是好的，我就知道我要向着那个方向努力，就会得到夸奖。那时候我还不懂优秀的意思，只是喜欢受到夸奖。当被别人夸奖成为一种习惯时，如果在一群孩子中我没有受到认可我会感觉非常不开心，我会努力做得更好，比别人做得更多。渐渐的，我已经习惯于做什么都要比别人做得出色。对于一件事，要么不做，要么就做的比任何人都好。

幼儿园时庆祝"六一"儿童节，我们小朋友要做一套操在"六一"庆祝会上表演。我记得当时好多小朋友都不好好做操，动作都做不到位，一点都不认真，就盼着早点结束回家玩。但是我却非要把每一个动作都做得特别好，我特别用力的去做，不仅要做到位，还要做的有力度。我觉得自己就应该比别人做的好，他们做的再不认真也不能影响到我，我既然做就要做到自己能做的最好程度。我并不是只为了受到老师的表扬，我只是不习惯去做一件事却不做好，而且是主观不想做好，那还不如不做。

我想比同龄的孩子懂得更多

还有一次幼儿园开集体大会，老师说，最好同学们能统一着装。很多同学钻了老师话的空子，说老师的原话是"最好"，也就是可以不穿，于是好多同学都没穿。但是既然穿是最好，我为什么不做到最好呢？穿衣服这么简单的一件事都不能做到最好，以后还有什么能做好呢？于是，我就是少数穿了规定的衣服的孩子。记得当时还有同学嘲笑我，怎么这么听老师的话，是老师的小跟班等。但我也不生气，我不觉得是为了迎合老师才这么做，我只是想，做到我心目中的最好。

在幼儿园的时候，老师并不教什么文化知识，更多的就是带着小朋友们玩。但是我总是缠着妈妈多给我讲故事，或是多教我些东西，我想比同龄的孩子懂得更多。妈妈也非常愿意教给我，我每天会比别的小孩少玩一两个小时，而多学习一两个小时，一开始会觉得累、无聊，但是时间长了就习惯了，如果哪一天不学反而会觉得不习惯。这就是习惯的巨大作用，当我已经把学习当成一种习惯后，对学习就会形成一种依赖，它就像吃饭睡觉一样，一天都不能落下。

小时候父母对我的启蒙教育对于我日后的人生起到了决定性的作用，因为在这个阶段，我第一次感受到了作为一个优秀的人的感觉，我知道我喜欢这种感觉。

在很小的时候我就把追求优秀当做了自己的一种目标。虽然那时候对于优秀的理解还不全面，还缺乏自己的判断，但是那时候的我已经把做的更好当做了一种本能，任何事情，要么不做，要么就做到最好。

小学：每件事我都要把它做到最好

小学时期是一个孩子形成好的学习习惯的最佳时期，也是养成坏习惯的最易时期。我的小学就是我家附近一所非常普通的公立学校。小学三年级之前，我的成绩并不是很好，应该说是非常一般。四年级之后，才渐渐考进了年级前十名。

下定决心要每天比别人多学一点

一开始成绩不太好，心里也常常着急，那种状态我非常不喜欢。当时，我下定决心要每天比别人多学一点，时间长了就能赶上他们。于是，我每天先抓紧把当天的作业写完，等到回家时，作业基本上都已经完成了，接下来就可以做一些参考书上的题，再预习一下明天的功课。一开始会觉得很难坚持，有点累。但时间长了，这个提前完成作业、回家后做练习题和预习的功课，就变成了每天必做的事情，如果有一天不做，反而会觉得非常的不适应。的确是量变产生质变，到了三四年级，我的成绩就开始突飞猛进的进步，不长时间，就考进了年级前十。每天提前完成作业，在复习、预习已经成了每天必做的事情，也成为了我坚持了多年的学习方法，一直到高中，我还延续着这种学习方法，受益多年。

小学那会，电脑开始逐渐走进寻常百姓的家。当时，好多男生都没能抵抗住电脑游戏的诱惑，一发不可收拾，沉迷于此，荒废了学业，毁坏了身体，还纷纷戴上了小眼镜。很多人听说了电脑游戏如何好玩后，纷纷尝试，结果都没能把持住自己。虽然对自己的自制力很有信心，但是不怕一万、就怕万一，我尽量不去接触电脑游戏。每当身边有同学讨论这方面的内容时，我都不去听。因为我知道，习惯是通过过程养成的，而过程都有开头。坏头一旦开了，就很容易形成习惯，到时候要改就难了。我们只能管住自己，不能放纵。

我还是决定重写一遍

小学时每个同学都会有一天打扫教室卫生，当时有的同学觉得老师不当场监督，糊弄一下就赶紧回家了。但我每次做卫生都会很认真，努力做到最好。在做卫生分工时，我也争取承担工作量大的部分，因为我觉得自己应该比别人优秀，所谓能者多劳，我就应该多做一些。

有一件事我至今记得格外清楚。当时在作业本上写数学作业，快写完时我不小心把水杯碰倒了，整个作业本都湿了。我赶紧把它晾干，但是晾干后它变得皱皱巴巴的。我不想拿这一份作业交给老师，我觉得自己的作业写得很认真，不应该用这么一个皱皱巴巴的本交上去。当时已经挺晚的了，我如果重新那个本再写一遍一定得写到十一二点了，但是我还是决定重写一遍。当妈妈催我睡觉时，还差一些，但我还坚持要把它写完。我觉得一份好的作业不仅是内容写得好，作业本也应该干净平整，因为这反映了一个学生对待知识的态度。我从内心里是追求优秀的，这种优秀是由内至外散发出来的，体现在每一件事上面的，不管是大事还是小事，我都会以一种追求卓越的态度对待，绝不会马马虎虎糊弄过去。

好的习惯一旦形成，将会受益无穷，坏的习惯一旦形成，就会贻误终身。非常有趣的是，坏的习惯往往比好的习惯容易养成，可能人的天性就是懒惰、贪图安逸的。但是，只要你不去开那个坏头，坏习惯还是很难找上你的。而你想做什么事情，这个事情能使你更优秀时，你一定要赶紧开了这个好头。一开始可能你就会觉得辛苦，怀疑自己能不能坚持下来，时间长了等你把它变成一种习惯时，你会自然而然的这么做了。像我之前，有一阵很想学日语，很多人对待这件事可能都只是想一想的态度，然后就忘记了。而我立马就着手开始去做这件事了，一开始很难坚持，每天多腾出一个小时学日语，坚持五六天之后，我就渐渐习惯了这种生活节奏，后来一天不学还觉得良心愧疚、非常难受了。

从小就非常看重自己的成绩

我的姥爷是一位化学老师，他一直很重视孩子们的学习，每次去姥爷家，他都会问我的学习情况。家里人对于学习的重视，也让我从小就非常看重自己的成绩，关注着每次小考成绩的起伏。被问及成绩时，能够自豪的说出，并受到大人们的夸赞已经成为一种惯性，我习惯了优秀的成绩，为了保持下去，我必须要不断进步才可以。

这些都还只是一个小学生对于优秀的理解，它还很肤浅，但是却能使他受益无穷。因为这种追求优秀、追求卓越的态度和做法已经成为一种习惯，在他心里根深蒂固了。他做不到优秀、做不到最好，他会很难受，因此他做什么事情都会尽自己最大努力，精益求精。

苦难是成功的序曲

小学是一个孩子真正踏入教育大门的第一步。这一阶段是形成良好的学习习惯和正确的学习方法的关键时期。我觉得学好知识并不难，重要的是要把握住课上的45分钟。一个人的精神是很难集中于课堂很长时间的，这体现了一个人的毅力，当然，长时间集中精神也会成为一种习惯。我认为，一堂45分钟的课程，能集中精神40分钟的学生就已经非常厉害了，大部分人只能集中20多分钟。要想集中40分钟，简单的方法就是把它变成一种习惯，这样不知不觉，很自然的就能把一堂课听下来，把老师的重点抓住，不遗漏任何知识。同时，预习和复习工作也很重要。我会利用课间10分钟，把上一堂课的知识抓紧巩固一遍，把老师讲的重要点回顾一遍。遗忘曲线告诉我们，人一开始忘记的东西往往是最多的，如果这个时候就开始复习回顾，能最大限度的把知识记下来。另外，预习也是同样重要，如果不预习，很有可能在上课时遇到听不懂的情况。而知识是一环扣一环的，这一环节没听懂，下一环节很有可能就跟不上了，知识链条断了，后面也就很难听懂了。

小学时期的我并没有什么太明确的远大目标，只有一个目标就是追求优秀。只要是我做的，每件事我都要把它做到最好，不给自己找借口、偷懒。

这一阶段，父母还是应该以鼓励为主。一个追求优秀的孩子，是经不起父母太多打击的，因为这样的孩子，往往自尊心很强，他们更需要父母提供一种"赏识教育"。追求优秀落实到现实中，就是追求被认可、被赞同、被称赞，此时，长辈的夸赞往往更有力量。爸爸从我小时候就喜欢在人前夸我，他总是跟别人说，我在学校成绩多么优秀，以后定能有大出息。我从小就是一个不愿让别人失望的人，既然在爸爸心中这么优秀，虽然现在我还没做到，我就要更努力做到才行。爸爸夸的多了，我也渐渐相信自己真的很优秀。觉得很辛苦时，我会想到"天将降大任于斯人也，必先苦其心志，饿其体肤，空乏其身"这个道理，这是上天安排的磨难，此时受苦受累，是我命里注定的，因为，成功往往伴随着苦难的结束而来临。苦难是成功的序曲。

初中：形成了良好沟通的习惯

一个对于我人生非常重要的习惯，是在初中这一阶段形成。那就是，与父母的及时沟通。我们当地只有一所初中，学籍制度规定必须就近读书，跟很多孩子一样，我很自然的进入了这样一所学校念初中。我的初中其实很一般，学校的学习氛围并不是很好，加上初中课业负担并不是很重，有一些同学就在这一阶段，偏离了正确的轨迹。

这种懵懂的感情很美好

那个年纪的少男少女，正值青春期，对异性充满了好奇。这一时期，很多人会遭受诱惑，没有把持好自己，偷吃了早恋的禁果。记得当时，隔壁班有一个男生，在学校时总是有事没事来找我，他很阳光帅气，篮球打得也是特别好。那个年纪的女生，往往会沉迷于这样的男生。当时的我，在诱惑面前也逐渐要偏离了人生的正确轨迹。

妈妈对我观察细致入微，她很快意识到了我的异样，马上就明白了我和那个男生之间微妙关系的存在。当时以为，妈妈会大发雷霆，臭骂我一顿，然后限制外出、打电话、不准见面什么的。但我妈妈并没有这么做，她在我打完电话后平静的对我说，交朋友这件事并没有什么错，但如果他对你的人生发展并没有什么积极影响的话，你就要好好考虑了。妈妈说完后，我自己思考了很久。妈妈说的很对，她并没有强制我做什么，而是把选择权给了我，让我来做决定。很快，我就想通了这件事，我知道我们都还太小，还不能够承担爱情，我们之间这种懵懂的感情很美好，也很微妙，但它不是爱情。既然这样，倒不如让这份感情到此为止，让我心中的种子就停在那里，既然没到开花的时节，就静静等待吧。当春天真正来临时，吸足了养分的你，定能开出更绚烂的花！于是我很坚定地就做出了正确的决定，从学习上分出的心，又回到了正确的方向。

正是妈妈与我之间良好的沟通，才使这个问题很好的被解决，青春期的烦恼也没有再困扰我。假如当年，妈妈并没有与我进行好的沟通，而是在我打电话时一把抢过电话，严声厉语把那个男孩骂一顿，叫他不要再联系我了，然后又把我骂一顿，再对我禁足的话，我这有一些小叛逆的性格，也许就会被她激起来，反而会起到相反作用。

写到这里，其实我想对广大涉及孩子早恋问题而心生焦虑的家长们说，沟通在早恋问题上真的很重要。这个年龄的孩子，对异性充满好奇再正常不过。家长们如果对这种事情，一味打压，往往会起到相反作用。孩子会想，你们不也是这个年龄段过来的嘛，怎么这么不理解呢？所以，首先要通过沟通，让孩子觉得家长是和孩子站在一边的。在这个问题上，家长与孩子不是对立的，不是一对想在一起的小情侣，长辈不近人情的一味反对。假若家长与孩子没有良好沟通，双方变成对手、敌人，对于这些心智还不成熟的孩子，更加就会觉得对方才是真正懂自己的人，家长都不理解他们，他们往往会更加紧密的团结在一起。这不仅不解决问题，还会使孩子与父母关系紧张，早恋更容易发生。

家长要理解孩子们的处境，让他们感到家长的理解，作为过来人，与他们感同身受，唯有这样，孩子们才会觉得家长和他们是一伙的，这时，家长们说的话，孩子往往更容易接受，效果事半功倍。

多数同学跟父母如朋友一般

常常有家长抱怨说，自己这么爱孩子，说的话都是对孩子有用的，怎么孩子就不听呢？自己是他亲生父母，怎么会害他呢？其实，父母说的话都是正确的，孩子也并不是冥顽不灵的，症结在于父母与孩子的交流方式存在问题。

父母与孩子是朋友关系，不是敌对关系，之间的沟通首先应该是平等的，而不是父母觉得自己是长辈，居高临下，颐指气使的命令孩子。这种方式，会让孩子觉得父母对他极度不理解、不信任，孩子的自尊心没有保障，而且会使父母与孩子的关系变得对立，使沟通变得更加困难。所以，我想对广大家长们说，不管遇到什么问题，沟通是最重要的。

上大学后，我与清华北大同学一起探讨过这个问题，多数同学跟父母如朋友一般。子女与父母之间，没有秘密，什么事情都能及时沟通。这样的孩子，往往比较单纯，生活没有什么负担和包袱，能够更好的投入到学习中去。而我沟通的习惯，很多都是在初中阶段形成的。

初中时，我的班主任对我的影响也非常大。他总是鼓励我，在班级里表扬我，让同学们以我为榜样。班主任给了我极大的自信心，成为同学们心中的榜样，也成为了我的一种习惯。我觉得自己如果不努力，不把事情做好，难以对得起他对我的期望，更不能成为同学们的榜样。换句话说，老师、同学都在约束着我的行为，我必须做的很好。

一旦有了懒散情绪、消极情绪，都将与我的优秀大相径庭。把每件事做好，是我的责任、我的义务，精益求精是我做任何事情都持有的态度。

高中：这就是我想要的那个方向

我的高中是天津市武清区杨村第一中学，是一所区级重点中学，集中了全区的尖子生。这所高中母校是我能考上清华大学的直接推力，我特别感谢她，感谢那里的老师，帮助我圆了长久以来的入清华梦。

每门功课都有一个错题本

我在这所高中的重点班，我觉得重点班的同学都很聪明，大家之间的差距不在智商高低，在于学习方法的优劣。我一直觉得自己属于学习能力比较强，比较会学习的那种。高中阶段，我摸索出了一条适合自己的学习方法，使我在高中生活并不是很辛苦，感觉自己很顺利，考上了自己理想的清华大学建筑学专业。我从来不觉得自己 IQ 很高，反而觉得自己学习能力强不是因为聪明，而在于我善于总结。每门功课我都有一个错题本，每当有做错了的题时，我都会把它抄在本子上，然后反思自己为什么会做错，总结这类题应该怎么做，基本上与我错题本上出现过的题目同类的题，我都不会再错了。上课时做笔记，我也不是老师说什么记什么，课件有什么抄什么，我会把自己觉得重要的东西用自己的话在本子上写一遍。这样，不仅可以很有针对性的做笔记，而且在脑子的转化后，真的成了我掌握的知识了。我认为，课间的 10 分钟非常宝贵，利用好每个课间 10 分钟，一天下来，就能多比别人学一个多小时。在这十分钟里，可以总结上一节课的重点知识，预习一下下节课的内容，这十分钟正是起到一个过渡的作用。

她可以来清华的食堂吃饭

初中时，因为与父母及时沟通，跨过了早恋这道坎，这个问题，在高中阶段并没有成为什么困扰。幸运的是，在高中结识了我的好姐妹，至今依然是我最好的朋友。我觉得如果没有她，自己不可能在这里，与大家分享考上清华的心得体会。

当时，我们俩在宿舍被分到了上下铺，教室里又成了同桌。她身上有很多我没有养成的优秀习惯，比如，我没有她的踏实和耐性。我们两人每天都一起在教室学习，一起去食堂吃饭，一起去洗澡，一起回寝室。早晨6点，我们俩一同起床，然后一起去吃饭，再到教室去自习。每天早晨，天还没亮我们俩就跑到了教室，教室里只有我们俩，一起看书复习。当时如果没有她，每天这么早去教室学习还是很难坚持下来的。我们在一起时，讨论的不是什么电视剧或是娱乐明星，而是学习上的问题。我们两个不管是去排队打饭，还是去排队打水，都会利用排队等待的时间，互相提问今天学习到的内容。晚自习时，我们俩约好做同一套试题，然后互相批阅。我们两个的关系，就是这种时而竞争、时而亲密的关系。现在想想，如果没有她，我必然难以坚持下来。所以，我觉得在枯燥乏味的高中生活里，能遇到这样一个朋友，真是太幸运了。我们俩互相督促，共同进步，一起养成了许许多多良好的学习习惯。

高二分文理时，她学了文，我学了理，我们两个分到了不同的班级，不同的寝室。虽然没有了这样一位小伙伴陪我学习，但良好的学习习惯已经养成，即使只有我一个人，坚持下来也不难了。学习上，我们处于不同的领域，成了非常交心的好朋友。妈妈不在身边，和她的沟通不能那么及时了，这时候，有什么困惑或是情绪问题时，我都会与她沟通。她有不开心、想不开的事情也会来找我，我们两个互相排解压力。高中生活因为有她的陪伴，我过得很快乐和充实。我们两个很早就约好，要一个考清华，一个考北大，然后再互相交流，她可以来清华的食堂吃饭，我可以去北大的图书馆看书。高中，老师都认识我们俩，称我们是一对姐妹花。不知不觉就到了高考，因为我平时的积累再加上好的心态，水平得以正常发挥，没有出意外的考上了清华大学建筑系，而她也考上了北京大学英语系。直到现在，我们的关系还非常好，平日里经常沟通交流。

高二开始，一年的八次月考，我几乎每次都是第一名，而且都能比第二高出至少10分。但高三一开学，我们转来了一个学生，据说他成绩特别好，也是一直考第一。但是大家知道的只是凤毛麟角，对我来说，他充满了神秘。对于未知的事物，总会胡思乱想，充满恐惧，对他也是，我总把他想的特别厉害，会动摇我第一名的位置，越想越怕，那段时间压力很大，学习总是难以集中精力。后来，到了高三的第一次月考，考场上，他就坐在我的前面，一抬眼就能看见它的背影。考试时，我总是难以把精力集中到试题上，他超过我的景象不停在脑中浮现。

结果不出所料，这种状态下，我必然难以考出正常的水平，第一次考到了年级第六名，而他果然考了第一。之后的一段时间，我压力一直很大。听课时，脑子里突然就出现了他的身影；做题时也难以集中精力，常常读了几遍题都没能读懂题的意思。我觉得整个高三如果都是这种状态，高考肯定考不好，我该怎么办呢？其实心里有事情找个人倾诉就是最好的排解方式，我把事情跟我最好的朋友说了一遍。当时，虽然她并没能说出什么建设性的建议，但是很神奇的是，把这些都说出来后，自己反而放下了。这种事情，只能找最信任的人倾诉，所以，在高中时，能有这样一个朋友真的太重要了。

高考是有"保质期"的

高中时，班主任对我的影响很大。她对我的影响，多在于精神层面的影响。每周一下午最后一节课是班会，班会课上，班主任都会说一些鼓励大家的话。班主任说的每次话，都会给我的心灵带来不小的震颤，听完都像打了鸡血一样，感觉自己再怎么努力也不为过。

印象最深的是他提到的那个"保质期"的概念。"保质期"的意思就是，一个人所做的任何事情的重要性都是有期限的，可能这段时间，这件事情最紧急，那么此刻，这件事情就是最重要的，而且你必须现阶段把它完成，如果过了时间期限，你再怎么努力把它做好也是没用的了。她说高考就是有"保质期"的，一个高中生现阶段最重要的事情就是高考，其他任何事情都要退到第二位。等过了高考，你可以再做你想做的事情。在班主任每周一次班会课的鞭挞下，我一直保持着努力学习的动力。

高三时，爸爸妈妈在学校附近租了个房子给我陪读，他们在我的高三生活中，起了至关重要的作用。不管是心灵沟通方面，还是生活起居方面，父母都对我照顾的无微不至。妈妈是心灵导师，爸爸生活大管家，他们俩个分工明确，各司其职。妈妈让我能够全身心的投入到学习中去，没有任何负担和心理压力；爸爸做足了后勤保障工作，让我吃好喝好休息好。爸爸妈妈的完美组合让我身心健康的迎接了最后的冲刺，我也没有辜负他们的期望，冲破了终点，考入了理想的大学。

这就是我想要的那个方向

报志愿时我毫无犹豫的报了清华大学建筑系，而我和建筑系的渊源要追溯到高二时参加的清华大学暑期学校了。那时，清华大学为了让更多优秀学子了解清华,尤其是对清华各专业增进了解,举办了一个为期5天的夏令营。在那5天里,我听了很多门专业的老师给我们讲课,"建筑是艺术与科学的结合"这句话深深打动了我,我一下子就意识到,这就是我想要的那个方向。但清华建筑系录取分数很高,我必须更加努力才能有把握。

回到学校后,感觉自己在清华的那5天简直就像一场梦,一场美梦。清华的一切都那么美好,清华的建筑,清华的一草一木,还有清华的人,都是那么美好。连当时在清华超市买东西的小票我也一直留着,放在文具盒里,时不时拿出来看一看,激励一下自己。回到学校后,看到桌子上这5天积压的一厚摞卷子时,我又被从梦中拉到了现实。但是清华梦不是虚无缥缈的,不是看不起摸不着的,我现在要做的就是脚踏实地,充分利用好现在的每一分每一秒,不断充实自己,等待着高考那一刹那的暴发,等待着破茧而出的时刻!

在清华:人生一种新的可能

清华,真的是一个神奇的地方。在清华的每一年,我仿佛都是一个全新的自己。在清华的这3年多里,我的各方面都有很大提高。首先,我认真学习了学校要求的各项德育课程,态度端正,并取得了优异的成绩,这些课程,看似枯燥乏味,但在清华老师的讲解下,变得非常有趣,我的思想也被塑造的更红更专。专业课方面,我也投入了大量的精力,尤其在建筑设计课上,成绩优异。我花了很多时间在做设计上,几乎把所有的空闲时间都献给了设计课。走在路上,回想着老师对我方案的评价,在食堂吃饭时，构思着它，睡觉做梦时，还常常梦到自己有了新方案。大一过的很艰苦，对于这样一门新接触的课程，完全没有摸到头脑。还好后来经过一段时间的摸索，终于赶了上来。

成功就是最终的宝藏

俗话讲，身体是革命的本钱。健康的身体，是事业成功的前提和基础。平时，我有规律的进行各项体育锻炼，提高身体素质，顺利通过了学校要求的各项体育考试，并取得较好成绩。我要继续坚持体育锻炼，练就一个健康的体魄，为事业成功提供体力保障，真正做到"为祖国健康工作五十年"。

社工方面，我曾在清华大学建筑学院科协担任外联部部长，在校团委文体部从事过一些工作，在班里担任过生活委员和文艺委员，主持组织过2012年学生节建01班的节目。由于我认真负责，因此，各项工作大都取得了良好的反响。在这些工作中，逐步形成了自己独特的分析判断能力、组织管理能力，能够独自开展工作。对于没有完成好的工作，也都认真从中吸取经验和教训，不断提升自己。课余时间，我积极参加各种与专业相关的竞赛，不断提高自己的能力。在大学生活中，我还积极参加了一些活动，不断增长见识的同时，丰富自己的阅历，与各种人打过交道，"三人行，必有我师焉"，从他们身上，我也学到了许多。

清华的老师像是人生的指明灯，他指引的道路可能并不一定完全适合你，但他会让你看到人生的一种新的可能，会让你看到每条路都通往哪里。在这些道路中，总有一条适合自己的，而这条道路就像是一个人的人生发展规划。如果说人生是一场寻宝游戏，成功就是最终的宝藏的话，人生发展规划就像是一张藏宝地图，有了它我们就能够找到通往成功的捷径，这样，成功就不是偶然，而是一个必然！

从没在早晨7点之后起过床

其实，大学一开始时也并不是非常顺利。刚来到清华时，对环境并不熟悉，周围同学都是各省的状元榜眼什么的，都非常优秀，我自然又开始有些焦虑。第一学期的考试成绩下来时并不是很理想，这让高中时当惯了第一的我很难接受。那段时间我总是给妈妈打电话，后来在寒假回家后与妈妈交心的几次面对面的沟通，才缓解了我的紧张情绪。妈妈总是在鼓励我，她说她相信我的实力，她说我是慢热型，一旦热起来，会比任何人都热。妈妈对我的判断再一次证明是正确的，接下来的几个学期里，我的成绩越来越好，到推研前夕，我的总成绩排名已经达到了年级前15%。推研考试我也取得了很好的成绩，顺利的推上了我喜爱的老师。

考上清华很辛苦，如果你要追求卓越，那么在清华上学更辛苦。优秀对于我来说，已经成为一种习惯，即使到了清华，这个习惯依然没有改变。在清华的三年多里，我从没在早晨7点之后起过床，看书、背单词这件事情也没有被落下。因为优秀已成为一种习惯，所以当别人在睡懒觉时我不会睡，别人看电视剧时我不会去看，别人打牌消遣时我不会去参与。在大学里，不管是社工还是学习方面，只要是让我去做一件事，我都会精益求精，把它做到尽善尽美。想偷懒时我也不会给自己找借口，我会克制自己，不让坏习惯有可乘之机。

自己在清华建筑系这将近四年来的学习，我逐渐知道了自己到底想要什么。我的梦想渐渐清晰，我也一步步理顺了自己的发展轨迹，深深感到只要自己沿着正确的道路一步一个脚印的前进，达到人生终极目标并不是遥不可及。我们可以找到迈向成功的捷径，成功将成为必然！

我的成功并不是一个偶然

现阶段,我的目标就是好好度过在清华余下的两年多的生活,为以后的工作打基础。"安得广厦千万间,大庇天下寒士俱欢颜"是我的人生理想,我希望能够贡献出我的绵薄之力,让老百姓能够居者有其屋,生活的更美好,让我国的建筑水平越来越高,在世界占有一席之位!

有人会觉得我什么都要求自己做到最好,精益求精,这么活着是不是太累了?我想告诉你,这些事情一开始你可能会觉得很累,但是如果你咬牙坚持下来,当它们成为了一种习惯,那么这一切都会成为一种本能,就像吃饭睡觉一样自然。

我的成功并不是一个偶然,它是有方法可循的,如果你能够沿着正确的道路,扎扎实实、一步一个脚印、步步为营的走下去,一定到达成功的彼岸。这也是我写这篇文章的原因,我希望能够把我的成功总结出来,写成文字,把成功的经验分享给更多的人。最后,想对各位苦于找不到学习诀窍的学子说,让优秀成为你的一个习惯,让我们把优秀进行到底!

孔令晨同学的故事,就是事事追求完美、对自己高标准高要求的成功典范。一个孩子一旦养成了追求卓越、事事做到最好的习惯,那么她的未来,就能与美好相伴。同时,我们也看到在孔令晨的成长过程中,父母的作用是何其重要。优秀的父母懂得去发现孩子的优点、当众表扬孩子的优点、不断强化孩子认同自己的优点,这些,都值得我们深思、借鉴。

唐艺月 / 北京大学城市与环境学院

在校荣誉：曾获"莙政基金"并被授予"莙政学者"称号

高中毕业学校：重庆市南开中学

高考成绩：680分

最喜爱的三本书：《王小波短篇小说》《围城》《简爱》

最崇拜的人物：夏洛蒂·勃朗特、玉泽演

父母职业：教师

座右铭：既然选择了远方，就不怕风雨兼程

一句话形容北大：五彩缤纷的大园子，
自由灵魂与独立思想活跃的沃土

误打误撞进北大

我之所以进入北大，总有一种误打误撞的感觉。因为从来没有过类似的理想抑或是梦想，但却在冥冥之中，一步一步走到了今天。

如果要让我总结，如何来到了北大，我想最精准的词只能是按部就班——做好每一个当下需要做的事情，最后生活总会引导你去一个属于你的、值得你当初付出的终点。

从小，父母给我的要求都很简单，做什么事情只要尽力了，不管结果怎么样，都是值得称赞的。所以，一直处于一种宽松而愉悦的环境，做很多事情的时候都能进入其中，而不会一直担心结果是否会如人所愿，不会担心做得不好会有怎么样的后果。往往，在这样的环境下却能拥有不一样的简单心境。也是这样的环境，让我一直处于一种乐观的态度，虽然偶尔也觉得有些神经大条，但愚人也有其独特的智慧。它会让你不要被身边的流言蜚语所影响，不要被畏首畏尾的心态所左右，也不要被那个闪闪发光的梦想压得喘不过气。有时候，人生真的需要多一点愚，多一点过程，少一点结果。

幼年：一段 45° 的小坡

我的爸妈都是老师，所以最开始我一直和父母居住在学校里的教师居住区。这里一直是一个有意思的地方，叔叔阿姨们都很有意思，每天傍晚，一堆人倚靠在乒乓球台旁边谈天说地，当然更少不了学校里同为所谓"教师子女"的一群小伙伴。这群小伙伴陪伴着我，给了我无限的乐趣。

我记得当时我只上过两周的幼儿园，最后，在我的反抗下愉快地结束。当时，幼儿园离我所住的学校大约有 10 分钟的路程。每天，幼儿园老师都会顺路捎上所有班上的小朋友，一起走到幼儿园上课。放学，老师也会顺路将每个小朋友送到离家尽量近的地方。当时，这 10 分钟的路程，对于一个 5 岁的孩子来说，总是有一种怎么也走不到头的感觉。

在离开老师到回到住处的路程中间，还有一小段没有修好的小路，是一段 45° 的小坡，每次路过那个地方，爸妈总会抱起我过去，自从上幼儿园后，妈妈每天在我放学的时间到那个小坡前接我。直到有一天，我在小坡前等了好久也没见妈妈出现，当时还是一个特别胆小和内向的孩子，在这样无助的情况下，有一种身处绝境的恐惧。但我还是忍住了眼泪，想了想之后，趴在斜坡上倒着划了下去，安全站起来后，有一种完成了单杠 360 度转体的成就感。带着这种掺杂着未消去的恐惧的成就感回到家，找到了忘记接我的妈妈，然后就忍不住大哭了起来。

有了被信任的感觉

妈妈给我表达了歉意,并夸奖了我的勇敢,之后听我讲起自己的幼儿园生活。当时的我表示不喜欢走那么远,也不喜欢幼儿园的生活。妈妈没有批评我,而是在和爸爸讨论后,觉得也许该让我再等一两年,直接进入学前班学习。至今回想起来,很感谢他们的决定,并不是每一个家长都能如此平等地对待自己的孩子,听取他们的意见并采纳"对"的地方,并无条件地相信,尽管不上幼儿园,自己的孩子也不会在所谓的起跑线上掉队。

不知道是从那个时候还是更小的时候,我就有了被信任的感觉,也正是这种感觉,让我知道了自己对自己说的话做的事应该负起的责任。在我看来,幼年时候的教育是很重要的,因为这个时候正是形成孩子性格与为人处世特点的时刻,父母的表现以及对待孩子的态度很大程度影响着孩子。我觉得这个时候的孩子应该给予一种宽松而愉悦的生活环境,并且给予孩子一种被平等对待的感觉。在平时应该通过引导和一起讨论让孩子决定自己应该做的事情;孩子不愿意做的事情应该尊重他们的选择,不通过家长的权威或者暴力强迫;做错事情的时候也需要讲道理让他们真正明白而自行改正。

小学:咱们不追求比她好的成绩

六岁之后,我顺利进入了爸妈所在的学校上学,也正是在这里完成了我一到三年级的学业。那是一所村上的小学,但在附近算是比较大的一所学校了,学校里的学生除了老师的孩子们,大多是附近农民的孩子，还有不少家住在山上、每天需要走很长时间过来上学的同学。当时住在学校里，作为教师的孩子，也受到不少身边朋友的羡慕。

记得那个时候，我的性格相当的内向和胆小。现在，和朋友提起来那个时候的性格，大家都纷纷表示难以相信，不过这是后话了。当时，一个我不太熟悉的阿姨在身后拍了我一下，叫了我的名字，我就被吓得哇哇大哭，哭了好久停不下来，这件事至今被各种叔叔阿姨们作为笑料，每次见面都会用来调戏我一番。但当时，我确实是一个不敢搭理陌生人、连熟悉的人话也不多、对这个世界充满恐惧感的人。

每天放学后的动画片时光

正是在这种情况下，每天从家走不到五分钟就能到教室，开始了我的小学的时光。

那个时候上课老爱走神，听一会课干点自己的事情。当时也没有什么所谓的学习方法，只知道这个时候大家都应该学习了，于是就学点自己应该学的东西。现在记得最清楚的一件事就是每天放学后的动画片时光，当时5～7点有动画城和大风车，当时可是我最爱的节目，所以每天回家期期必看完全不能落下，所以不管是吃饭还是写作业也总是会盯着电视。那段时间也正是刚开始学习写字的时光，每天回家后总是一边看动画片一边写字，导致最后的字丑得不忍睹视。当时爸妈也多次提出意见让我写作业时不能看电视，但在我对动画片的极度热爱下放弃了对我的要求。

至今我还是有一点后悔没有听他们的话好好写字，不过我也并不觉得动画片就应该放弃，我觉得当时也正是动画片给了我更多想象的空间，同时也成为我当时每天日记记录的重要题材。

爸妈总说成绩不重要

我至今不太记得那个时候的成绩，应该还算班上前几名，但是似乎爸妈也从来不太在乎考试考了多少分，我自己似乎也仅仅觉得上学是个轻松的活动，每天按时听听课，下课后和一群小伙伴们玩耍。后来提及那个时光，爸妈总是说那么小的时候成绩不重要，重要的是不要因为学习而扼杀了好奇心。学习本来就是一个兴趣使然的事，如若因为过多的要求和压力失去了其意义所在，那么不仅感受不到学习的乐趣，更往往适得其反。等三年级学习结束，爸妈由于工作调动的原因进入了小镇里的学校工作。我也因为搬家的原因，搬入了镇上的小学开始四年级的学习。

变得更加开朗外向

转学以后由于不同的环境，我在很多方面发生了比较大的变化。身边的同学都更为开朗，成绩也比之前的学校要好，也可以更明显地感觉到身边的同学以及家长对成绩的重视，学校给的学习任务也更强。当时才进入班里，成绩不错，于是经常负责帮助班主任管理班上的纪律，也被赋予了使用老师教棍的权利。说实话刚进入一个新的环境，身边也都是镇上长大的孩子，比较胆小的我最开始有点担心难以融入或者被欺负，于是装作开朗胆大的样子，也许也正是从那个时候开始尝试改变自己的性格，变得更加开朗外向。

作业小帮手—我的妈妈

在学习上，我记忆比较深刻的事情有两件。一是当时老师总喜欢布置特别多的作业，比如抄写课文抄写生字多少遍，有的同学每天放学都需要花一个多甚至两个小时进行这样无用而重复的作业。当我妈妈得知这件事后，告诉我这是填鸭式的教学是不可取的，于是试图制止我完成这样的作业。但我一味坚持要完成老师给的任务，妈妈在无奈之下也加入到了我的作业大战中来，于是自从那以后我总有一个作业小帮手——我的妈妈，替我写完那些重复而无用的作业。

最终决定留在妈妈所在的中学

第二件事是在六年级的时候。当时全年级的同学和老师都面临着升学的压力。全镇小升初考试前三名的同学更是能获得进入所在县里最好的中学的机会，这在所有人眼中都是一次值得珍惜而宝贵的机会，不少人花掉好几万元也只是为了换取自己孩子在那些学校里学习3年的时光。我当时在班上的成绩通常是第一，但是在年级上并没有如此优秀，反而有一个名字和我及其相似的女生总是能获得年级第一的荣誉。我们姑且将这个名字和我相似的女生称为A。身边的亲戚有不少的老师，A也由于名字的原因常常被身边的亲戚提起，甚至向我父母比较我跟A，希望我能和那个女生一样更努力以取得更好的成绩。我妈妈通过各方面的消息了解到A是一个特别努力的女生，不仅要完成学校的学习任务，每天回家还要面对家里请的家教以及每天排满的日程。之后回家妈妈便找到我说："咱们不追求比她好的成绩，她每天花那么多时间学习而放弃了自己其他的时间，我更愿意你花这些多的时间去玩耍、去锻炼、去休息和睡觉，只要上课的时候好好学习就好了，我相信这样我们也能考出好成绩。"对外，当妈妈再听到谁提起A的事，她总是笑笑说小孩子尽力就好。

之后小升初考试出来后，A获得了全镇第一的好成绩，而我也在自己每天该干嘛干嘛的情况下获得了全镇第三的成绩取得了进入那所好学校的机会。不过后来在家庭会议后由于我舍不得离开家，爸妈也觉得年龄太小离开家里不利于之后的发展，而最终决定留在妈妈所在的中学学习。而后话是，A 进入了那所学校，最后却在过大的学习压力下有些崩溃，成绩下降不少，后来听说高考成绩不到 600 分。总有人说是小时候努力太多潜力挖尽。我总是因此特别感谢自己妈妈的明智选择，什么时候该给我们什么样的环境。

小学很大程度上是培养学习爱好以及学习习惯的重要时期，这个时期不要太重视最终的成绩，如果一味以学习填满每天的日程，学习的兴趣必然会被扼杀，而更重要的是失去了反思自己学习习惯以及方法的重要机会。学习的时光很长，到大学本科要 16 年，小学还处于开跑的时期，这个时候在养成良好学习习惯的同时锻炼好身体，为后期的努力奠定下坚实的基础才是小学学习的重点所在。

初中：真正学习和起步的时期

初中我进入了妈妈工作的学校，也是镇上唯一的一所中学。学校离我家，只有不到十分钟的路程。初中时期，当时的时间段很长，六点过一点就得起床，晚自习八九点才下课。

进入初中之后，我突然开始有点注意自己的成绩，因为每一次的月考或者是期末考试的年级成绩都会直接向全校公布，而每学期期末考试年级前十名都会有一定的奖学金奖励。当时对我来说，那本来很少的奖学金，却成为我想要获得好一点成绩的比较大的动力。而当时学校里同学们的成绩普遍不太好，所以最终我在学校创下三年期间每次考试都是年级第一的好成绩。

断绝了我一切早恋可能

要说到妈妈对我初中的作用，我想也是很大的。妈妈作为我初中三年的班主任和英语老师，在学习和生活上都给了我不少的指导。当时，把自己的孩子放在自己的班上，是很忌讳的一件事，因为别人的孩子容易管，而自己的孩子放在班上，反而容易出现闹别扭或者是吵架的情况。而在初中的学习时光中，我和妈妈之间基本上没有什么大的争执，一些小的矛盾也在妈妈跟我的讨论与引导中，得到了很好的化解，这一点我要特别感谢自己的妈妈，没有依靠强权引起我青春期叛逆的进一步发作。

另一个方面，妈妈在我的英语学习上进行了一定的指导，主要是在入门上，指导我如何掌握单词的记忆规律、发音规律以及思维特点等。这为之后的英语学习，奠定了很好的基础，也使得我在初中三年级全国英语竞赛中，获得了全国二等奖的成绩。这个成绩，当时在我们小镇也是从未有过的。当然，也由于班主任妈妈的密切监视，断绝了我一切早恋可能。

迷上了郭敬明的小说

初一、初二的时候，我通常吃晚饭就到学校。当时作业也不太多，中午的大段时间就喜欢去学校里的阅览室看看书，差不多是那段时间才比较大量的接触了课外读物，如《骆驼祥子》什么的。当然，同时也买入了当时很火的新概念作文比赛的获奖文章，迷上了郭敬明的小说，然后在初中阶段一本不落地看完了郭敬明的每一本书。

其实这一类的小说适度的看一些也是有益的，其趣味性能增加你对文学的爱好，也是郭敬明的书让我进一步迷上了文学作品，到后来慢慢地看一些名著的。但是比较不推荐的是类似当年我们特别流行的《那小子真帅》或者《狼的诱惑》一类的小说，不仅对语文方面的提高没有帮助，对学习的斗志上也有比较大的负面影响。

从参考书里获得不少乐趣

记得当时我们学校有统一的习题，每次我都觉得有一种强度不够的感觉。于是自己去书店淘一些参考书，并挑选出一些好的参考书买回家周末无聊就做一做。

对于参考书的挑选我觉得尽量要选有发散性和总结性的。发散性即参考书的知识来源于课本，而不拘泥于课本的基本题型，能够跳出来拓展出一些新鲜的题型；总结性即参考书最好是把每一课所能涉及的题型都一一总结，并把每一个题型的多种解法都给出讲解的。在这样的情况下，只要能掌握好每一种题型的解法，并自己思考好不同解法的相同点与区别，选择自己觉得最好的最方便或是最适合自己的方法。长此以往，必能大幅度提高自己的自学能力，会在成绩上有一个质的提升。

当然我提到的参考书方面的问题，也是在学有余力而仍然有足够兴趣的情况下的，我很记得当时从参考书里获得的不少乐趣，比如语文参考资料里给出的名人轶事，化学参考资料里各种小魔术，物理参考资料里那些需要我通过物理知识探究黑盒子里电路情况而清除大炸弹的乐趣。

总的来说，初中可以算得上是真正学习起步的一个时期，以后成绩的好坏很大程度上取决于初中时期是否找到了真正适合自己的方法，是否为高中的知识打下了良好的基础。初高中的知识可谓是非常连贯的，没有人能够在初中知识不扎实的情况下而在高中取得好的成绩。

对于初中各方面的介绍我总结如下。

很多东西都是相通的

在学习上，一是上课一定要认真听老师讲的东西，而不要上课做作业下课去补课上的东西，否则会使你浪费更多的时间而不能达到相同的学习效果。二是学习的知识要及时巩固，课上的东西一定要在当天回想一遍有没有明白每一个点，如果没有一定要通过老师或者同学解决掉当天的问题。否则继续拖下去只会使问题越来越多，到最后忘记了自己哪里没有懂或者没有时间补上这么多漏洞。每天睡觉之前躺在床上回想一下当天学习的所有知识，回想一下是否全都掌握。三是养成自学的好习惯，形成自己的一套记笔记，整理学习内容的方法。课外自己总结每个知识点的题型，总结自己做错或曾经没有搞懂的地方。

初中每一科的学习也开始渐渐体现出学科的特点，容易出现偏科的现象。其实每一个学科都有其相应的特点和学习方式，只要认真摸索，就一定能度过瓶颈期，量变引起质变。首先谈谈英语，现在越来越多的孩子初中之前也对英语有不少的接触了，我觉得初中的英语最重要的是掌握好单词拼写与发音的规律，熟悉英语的惯用语法，用英语的方式思维。一定要摆脱通过汉语或者拼音标注英文单词以帮助记忆的方法，因为这种方法只能适用于一两个单词，只有真正掌握其规律才是长久的记忆单词的好方法。此外，多看看英语课外读物培养英语语感，我觉得《新概念英语》曾经出过一系列的初中生读物，内容非常有意思，课余时间可以多看看可以有事半功倍的作用。

语文的学习也是要多看，多思考，多体会。所谓"世事洞明皆学问，人情练达即文章"，语文是一门与生活密切相关的课，每学一篇课文时，不要仅记住老师给的分析，而要身临其境去感受每一篇课文所表达出的情感，只有这样才能举一反三。同时，增加阅读量是提高语文能力的最有效的方式，不过不要急于求成，阅读是一个积累的过程，只有阅读了一定数量的书，加之足够的体验与思考，才能真正取得进步。

数理化上，有很多东西都是相通的。前面我也提到过不少，理科方面的东西，最重要的就是理解每一个知识点，只要掌握好其原理，就能以不变应万变。同时，所有科目里，理科的参考资料是对提高考试成绩最有帮助的。

解决粗心的最好办法是养成习惯

在考试上，初中的考试一般强度不会太大，只要了解了考试的内容，合理分配安排好每一道大题的考试时间，不要慌张，细心完成每一道题就没有太大的问题。初中每一堂课的知识量不大，重要的是掌握好每个知识点，以及每个知识点分支出的题型，做到这一点就基本掌握了一大半的获胜权。另一点，初中是一个容易因为粗心引起出错的高发时期，因为这个时候才离开小学不久，思维还不够严谨，而初中相对于小学的知识有比较大的不同，在这样的情况下粗心导致的失误发生率相当高，不过不要担心，这基本上是每个同学都会遇到的问题。我觉得解决粗心的最好办法就是养成习惯。首先在平时做作业时也不要掉以轻心，很多同学平时犯了这样的错误给自己找理由说是粗心，考试就不会错了，其实不然，平时都这样考试的情况下更容易出错，所以平时也应该保持高度警惕避免粗心引起的错误。其次，我曾经试过一个方法很大程度上避免了粗心引起的错误，即每次看题或者是计算时，每一步都倒回去检查一次是否存在看错或计算错误的情况，其实这样的工作并不会耽误太多的时间，虽然特别单调，但是坚持下去，慢慢地就会发现即使之后不再退回去检查也基本上不会犯粗心的错误了。

高中：在很长一段时间里只做一件事

我中考发挥还不错，以优秀的成绩进入了重庆市南开中学的实验班。南开中学是重庆最好的4所中学之一，也是重庆市每年考入清华北大人数最多的高中。

进入高中后的生活不太习惯。之前一直住在家里，现在学校离家有3个小时的车程，于是开始了宿舍的集体生活。闲的时候，每个月能回家一次，忙起来就不一定，高三的时候要一学期才回一次家。在学习上，南开高手云集，之前轻轻松松每次考试都能得年级第一，进入南开后一不小心就会掉到年级一百多名甚至两百多名，一点不敢掉以轻心。可以说，刚进入高中的时候觉得压力还是很大的，每天都过着希望让自己变得更好一点、再更好一点的生活，害怕被别人甩下太多。

紧张的意义何在

进入高中，第一件对我打击相当大的事情，是物理竞赛的选拔考试。当然，也是这个考试，让我学会了如何面对考试的紧张与焦虑，学会了用平常心面对将发生的一切。物理从初中开始就一直是我特别喜欢的学科，进入高中后，每天下午第三节课后都有专门的竞赛培训或是通选课，只有通过竞赛选拔的同学才能参加相关课程的培训。当时，我充满期待和担心地参加了物理竞赛。现在还很清楚当时在考场的时候，一个小时的测试，从一发下卷子开始就有一种慌张的感觉。也许是太多的期待导致一时过于紧张，看起来似乎简单、平时都能做出来的题却一时不知道从何下手，头脑里一团混乱。结果出来后，发现果然没有选上，当时有一种突然崩溃了的感觉，觉得一直以来想要做的事情却因为一场考试而失去了机会。

我还记得我给妈妈打了一个电话大哭了起来，晚一点，初中的物理老师听说了这件事安慰我。可是当时还是因为这件事情伤心了好久，但在后面的一段时间里，我总是回想，如果我当时不这么紧张，不这么看重得失与后果，也许结果并不会是这样的吧。既然紧张与恐惧只能让我失去我在乎的东西，而平静下来做该做的事反而能让我拥有一切的话，那紧张的意义何在。从那一场考试过后，我慢慢学会了以一种平常心去面对每一次考试，每一次决定拥有或失去的测试，也正是这一种心态让我在高考考场上能够平静从容地面对整场考试吧。

有一个很好的对付考试紧张的方法。我的做法是常常回想自己小时候觉得自己做过的特别丢脸的事情，或者考得特别烂的考试，结果总会发现当年那些似乎特别大的打击和怎么也过不去的坎，到现在回想起来不过也就那个样子，甚至有的时候根本忘记了这些事情。如果我们能把眼光放得更加的长远，让自己先身处老年、回首一生，当下的这些挫折是否还那么重要？如果不是，那为什么还要紧攥紧张的心态去换取一个不如意的结果呢？正是这样的想法，常常在我有点慌张不安的时候，让我能坦然面对。

图书馆一座难求

由于学校离家太远，所以平时也都在学校待着，当时很乖也不爱出去玩。每周最大的娱乐活动就是周五晚上例行的逛超市。每周五下课之后，我和好朋友都会出去吃点好吃的，然后去学校附近的超市囤好一周的生活用品和零食。在当时那种每天都是上课作业的情况下，逛逛超市也是一种奢侈的娱乐，并常常沉醉其中。我记忆中唯一一次我和朋友出去，是高二的一天，觉得磁器口就在学校附近，那么近居然没有去过，实在有点说不过去，于是和好朋友在吃午饭前收拾了一下，到离学校不到10分钟车程的磁器口吃了个饭，并逛完了磁器口的每一条街，然后回到学校。回去我们才发现，真是太不能玩了，居然两点不到就回到了学校。

周末，我们最爱的活动就是宅在图书馆，当时学校的图书馆特意留了几个很大自习室，即便这样，图书馆还是一座难求。通常，需要提前好久，抱一大堆书占据一个属于自己的小空间，也是在这样一个图书馆里，我和小伙伴们一起看书一起刷题，从早上9点到下午5点，除了中午出去吃饭，一直专注于自己的事情。吃完晚饭后，再散散步回到宿舍。那段时间算是比较辛苦，有时做太久题憋得慌，就一起跑到图书馆楼顶的天台聊天吹水，谈天说地，幻想着自己美好的大学生活，然后继续回到自习室，为自己的梦想努力。现在回想起来，仍然很怀念那一段时光。在很长一段时间里只做一件事，全身心地投入其中，不受外界的干扰，体验到一种追求的纯粹。我想这是在离开高中以后都再很难体会到的一种感觉，那是不容易的一段岁月，但也是非常值得去体验并珍藏的一段时光。

统一11点入睡

高中是需要足够的休息和锻炼的，班主任常常给我们讲她历年的学生，到最后收获好的高考成绩的，往往是那些注重休息和锻炼的。那些一味为了学习，努力不停而不注意身体的同学，往往到最后都因为身体原因而发挥失常。高一高二我们都统一11点入睡，高三特别忙的时期，也是晚上12点都保证躺在床上准备睡觉。高三基本上一整年，晚自习之后，大家都会自觉到学校大操场跑上至少两圈。高中，在极度疲倦和精神紧张的情况下，更要注意按时睡觉加合理锻炼，这样才能有更高的效率。但要注意的是，高考前一两个月开始，一定不要进行过于剧烈的活动，比如跑步或者打篮球踢足球。如果这个时候不小心受伤，将会给高考带来不小的麻烦，同时也会增加心理上的压力。这种时候，每天保持一定时间的快走，是我们班当时大多数同学的选择。

来了一个大哥哥一样的人

谈到高中时期的爱情，在当时基本上是不被允许的状态。班上偶尔冒出来的一两对情侣，也以极快的速度被老师发现，然后找去谈话甚至被请家长。我还记得当时开班会，班主任在办公室对每个女生的家长都说了差不多的话——让你们孩子不要穿太好看，头发也不要弄太漂亮，否则容易早恋啊。之后我妈回来给我提起这个事情，我仍然觉得很好笑。高中时期也曾有过一段暗恋的岁月，但仍然庆幸没有打破让一切美好都保持在原来的样子。记得当时高二换政治老师，来了一个大哥哥一样的人，在理科生班里政治课都是用来写作业发呆睡觉的。可是新来的老师慢慢地吸引了我的注意，他课上给我们讲了很多古今中外的故事来解释书本上原本无聊的原理，之后我也渐渐开始听课。后来，下课后从同学那里打听到新来的老师是北大哲学系刚毕业新来的老师，顿时对他又多了一分敬意。在后来的时光里，慢慢地开始想要见到老师，听他讲课越来越觉得是一件有意思的事情，每次上厕所路过办公室门口也总会忍不住朝里面张望看看他是否在那里，似乎只要能看到他就能高兴一整天。

那段时间简直成了闺蜜眼里的小花痴，每天都会跟他们讲老师又怎么了。虽然每天学习辛苦，但是却格外的开心与充满期待，有时候在路上不小心碰到，紧张好久就为了鼓起勇气上去找老师打个招呼然后聊两句，然后接下来的一整天都感觉揣了一只兔子一样无法平静。我当时偶尔也会幻想，如果我能够进入北大，能够体验一下他当年经历过的生活，走他当年走过的路，是否可以离他更近一些。但是高二的成绩似乎让这一切只是一个美梦，当时觉得自己奋斗的目标就是去同济学习建筑，也显得有一些困难。

不过我一直很庆幸我遇到的这些人，高二的岁月里老师发来的短信的鼓励，也一直成为我每天学习的动力，每天睡得不多，整天刷题也能打鸡血一样激动。还记得国庆之后就是老师的生日，国庆在家里的7天假期里，有5天我除了吃饭睡觉就是在给他准备生日礼物——一个十字绣的靠枕。当时我也给妈妈倾诉了当时的想法，妈妈也像以往一样尊重并支持我的想法，并帮着我完成了整个靠枕。其实到最后我也没有给老师说过自己的想法，而且不久就知道了他结婚的消息。但是回想起来，他的存在却成为了我在高考的路上更坚实地走下去，并且走得更远的原因。其实高中阶段的暗恋，或者恋爱应该利用其成为一种有利的力量，这样会使得高中的学习更有一个明确的目标与激励。很难想象，如果当年沉迷其中，现在的自己会是什么样子。

妈妈的贡献功不可没

高中几年的学习的进步里，我妈妈的贡献也功不可没。我觉得她做得最好的有如下几点。首先，因为我学习忙，所以总是定期抽时间到学校来看我，帮我带自己做的菜，然后收拾一下宿舍。能在那么忙的情况下，总见见家人是一件很幸福的事情。其次，她从来不给我太大的压力，不过于关心成绩的起伏。就算偶尔考试不如意，得到的也更多的是安慰与鼓励而不是责怪。此外，她还无条件地相信我。高考前，她打电话总是表示，觉得我一定能考出很好的成绩，每次都告诉我考上清华北大没有问题，虽然那个时候我也不甚相信，只当是一种鼓励听听。但我觉得这种暗示，在后来也许真的慢慢潜移默化了我自己的想法，让我也对自己变得更加自信了起来。父母对孩子的信任，其实是给他们的最好的支持。

  前面提到，高中刚进学校的成绩并没有太好，其实也只是进入高三以后成绩才有了比较大的进步，才开始多次考到年级十几名甚至前几名的成绩。之所以会有这么大的进步，我觉得主要是以下几个方面的原因。一是高一高二学习的知识比较踏实。虽然在高手云集的学校里的成绩不够理想，但是每一个点都认真搞懂过，所有都是自己踏踏实实、一步一步往前走的。这一点很重要，不要想着现在没有学好，高三还有补上的机会。高中的基础一定要打扎实。二是克服粗心的习惯。前面我也有提到一些克服粗心的方法。进入高三，这些方法给了我很大的帮助。往往差十几分，年级排名就会往后掉几十名，而这些失去的分数又大多因粗心引起。试想，考试之后拿着自己的试卷，想着自己本应该多考二十几分甚至三十几分，却因粗心、后悔莫及是怎样的难受。所以，得从平时做题开始就慢慢改正。三是学会总结归纳。同样是高一高二学习过的知识，为什么有的人到高三没有进步，有的人进步突飞猛进呢。这就是看一个人的总结归纳能力。学会总结每一章节的每一个知识点，每一个知识点扩展出的每一个题型，每一个题型的每一种解法。只有真正将这些内容烂熟于心，并且自己整理出适合自己的一套每个章节之间的联系，才能完成高三复习真正的意义。而这个部分是老师不能灌输给你的，也不能照搬别人的，完全靠自己的领悟。所以在无限做题听课的同时，定时抽出些属于自己的时间，反思一下自己学习的东西，整理出自己的方法才是真正超越一起努力的高考大军的关键。四是关于做题的几个境界。以前班主任爱跟我们讲，学习的境界有三：第一是听懂了,即听懂老师讲解的内容;第二是会做了,即自己心里清楚这道题的做法;第三是做对了,即完全正确地将这道题做出来。最开始我们都没能很好理解老师这句话的意思,后来反思自己,才发现很多时候大家都处于一种会做了的阶段就止步不前了。为什么这么说呢,高中时候,统一的参考资料答案是在同学们手里的,很多时候我们自己做资料,看到一道题觉得老师讲过,自己在脑子里大概过一下结题思路而不自己算题,就直接拿出答案抄了上去。这样的做法,往往导致考试的时候会做的题也做错,发下卷子来才幡然悔悟,原来某一步算错了。这样的错误不是偶然,如果在平时的练习中就能亲自一步一步演算,肯定早就发现了自己潜在可能出错的地方,而很多人却错过了这个机会。只能等到考试,才去接受自己平时方法错误的教训。所以,建议大家平时的作业也要踏踏实实地写,让所有会做的题,都变成自己能够做对的题。

高考专业的选择主要看兴趣

对于高考,我觉得都是经过精心准备,大家要做到的就是放松心情,轻松应战。对我来说高考期间并没有觉得太紧张,不过比较明显的反应是很兴奋很激动,导致高考那几天轻微的失眠。平时,一般倒下就能入睡,高考前一天开始,要到一两点才能睡着,早上也按时醒来而且感觉特别精神。我觉得保持那几天适度的兴奋感,对于高考发挥出好的成绩相当的重要,所以,如果大家遇到高考期间失眠的状况,也不要太担心。

至于高考后的志愿填报,相信很多人都一样,高中一直投入在学习中,对大学相关方向了解甚少,大多也是根据专业名字自己构想出相关的东西。这种时候,最好的方法是能联系到正在念大学或者毕业不久的朋友或者亲戚,通过他们了解到尽量多的相关情况，并做出适合自己的选择。专业的选择上，主要看重兴趣，而不要以当下的就业为重。因为，大学期间的好几年，足以让一个当下就业好的专业到时候变成冷门。其实高中刚毕业，对未来自己想做什么、适合做什么，都是没有客观判断的。进入大学之后，还有很多转院转专业的机会，所以说，一时选择的失误，并不会带来太严重的后果。本科学习，更多是一种思维方式和处理问题方法的锤炼，说就业关系不大紧密。现在，越来越多的人毕业后做着和自己大学专业毫不相关的工作。

生活在多年后给了我一个惊喜

大学期间，我进入了工学院学习。在第一学期的学习里，我发现自己并不太喜欢工学院方向的学习内容，反而对城市与环境学院的城市规划专业更感兴趣。通过一些朋友和师兄师姐了解了不少城市规划方面的内容，并做了相关准备之后便申请了转院。在北大申请转院是一件相对容易的事情，在转院面试之后不久便收到了成功转院的通知。转院后虽然也有不少刷夜画图的时光，但是觉得能学自己喜欢的专业干自己感兴趣的事，多熬点夜也是值得的。

北大的学习环境相当的宽松，但是通过与其他学校的对比了解发现，其实北大很多课程内容相对其他学校还是有一定难度的，是需要自律与自学能力，不过只要认真完成作业准备考试，基本上是不会有挂科的情况出现的。北大的社团也是很有特色的，每学期开学期间都会出现"百团大战"的盛况，各种类型的社团一应俱全，相信所有的同学都能在这里找到自己感兴趣的组织。在大学几年时光里，在社团里体验到了学习以外更多的活动，也自己参与组织得到了不少的提升，也认识了很多很好的朋友。

　　高考结束是高中一个终点，而对于人生大学还只能算是一个开始。未来的路还很长，有很多需要学习的东西和进步的地方，不仅仅是学术上，更多还有做事和做人。相信大学前努力的时光一定会成为一种很宝贵的东西，不仅能给予我经验，更能激励我前行。也相信还处于中学时期的你们只要一步一步踏实地走过来，一定会有意想不到的结果在前方等着你们。就像当年的我，只想着过好当下，从未敢奢望过能进入全国最好的学府学习，除了妈妈也从来没有人想到过，当年那个小妮子能一步步走到今天。而生活却在多年后给了我一个惊喜，并告诉我，只要你好好对待当下，就会在某一天得到命运的垂青。

# 专 家 点 评

唐艺月同学的故事，体现着不同阶段孩子的不同任务：幼儿时期的天性开发，小学阶段的品格习惯养成，初中阶段的学习方法与学习习惯，高中阶段重视学习策略与解题技巧。其中，"解决粗心的最好办法是养成习惯"，"每一个学科都有其相应的特点和学习方式"，"考试的时候不要慌"，"把你会做的题变成你能做对的题"等观点，值得当前广大同学借鉴与思考。

高菁辰 / 清华大学建筑学院

曾获荣誉： 清华大学树华奖学金

毕业学校： 清华大学附属中学

高考成绩： 672 分

最喜爱的三本书：《告别圆舞曲》《1984》《传统十论》

最崇拜的人： 钱钟书

父母职业： 工程师

座右铭： 顺其自然　认真做事　多读好书

一句话形容清华： 青青子衿　悠悠我心

青青子衿　悠悠我心

我在北京出生，并在此成长至今。老北京的性格特质，多多少少地渗透进了我的性格和我的生活。父母都是工程师，我从小时就一直与父母生活在一起，因为他们，才有了今日的我。

幼年：比老师还多数出了一个

我的幼儿园并不是北京非常有名的幼儿园，但是条件还不错。那时，也没有很多的课外班，所以平时我和小朋友们都非常轻松自在。

老师们与我们非常亲密，也非常照顾我们的生活，让我们过得自由自在。记得，在幼儿园唯一让我烦心的事情，就是一定要吃晚饭才能放学，而我总是吃不完。有一次，我就把吃不了的饭偷偷放进兜里，开心地和老师说了再见回家了。直到在路上，父母摸到我的衣兜感觉湿湿的，才发现兜里竟然藏着这等宝贝。

心中还会浮现出她婷婷的身影

除了吃饭问题之外，我的幼儿园生涯非常幸福美满。老师们亲切可爱，同学们非常友好；我们除了学习数学、拼音、英语以外，还有美术课、手工课、体育课等，并且在各种节日，还会自己排演小节目，在幼儿园每天都过得十分开心。

父母没有刻意让我学习什么，或许是从父母那里获得了一个还不坏的脑子，或许是与自然、与美术打交道的日子锻炼了头脑，总之，我在幼儿园的表现不错，有时还能够让老师惊讶。据说曾有一次，一个数三角形的题目，我比老师还多数出了一个，使得老师在父母接我回家时，对我赞叹不已。在美术课上，我的绘画也给老师留下了深刻的印象，那位美丽温柔的女老师，对我表现出了深深的喜爱。她美丽的形象，成为了我对老师最初，也最深刻的印象。直到多年后，我收到了清华的录取通知书时，心中还会浮现出她婷婷的身影。

幼年充满了蛐蛐儿蝈蝈儿叫

很幸运的是，在我小的时候，社会上还没有那么浓厚的"不能输在起跑线"的竞争氛围。因此，父母细心地照料我的生活的同时，也并没有给我报什么课外班，而是任由我花费大把时间在自己感兴趣的事情上。于是，我的幼年充满了蛐蛐儿蝈蝈儿叫、漫山的花花草草、稀奇古怪的画作。我在每个周末都会要求父母带我去公园玩，无论是春暖花开的季节，还是大雪纷飞的日子，我都会像如同回家了一般扑进大自然的怀抱，研究野花、抓小昆虫，或是堆雪人。在家里的日子，我则乐于摆弄画笔，绘制了不少作品,并将它们视若珍宝。

父母对于我的"艺术天赋"大加赞赏,甚至不惜斥"巨资"为我买来了一套在当时看来略显奢侈的积木玩具。于是,我的空闲时间里又多了另一项玩弄积木的活动。我拆了装,装了拆,乐在其中,而现在学习建筑设计,做着各种模型的时候,我有时也会想起幼年时玩积木的经历。

开始逐渐地认识这个世界

回头来看幼年的经历,我意识到与自然的亲密接触,培养了我对于一切生物深深的热爱,这热爱在后来逐渐渗透了我的整个人生观,让我成为了一个感情丰富、对一切事物具有敏锐感受与深切同情的人。而热衷于美术的经历,则让我产生了最初的对于艺术的理解。我后来进建筑系学习,或许与那时的经历不无关系。

若是对自己的幼年时光做一个总结的话,我想,我的幼年是丰富的、欢乐多彩的,也是自由自在的。在这个时期,我自在地选择了我感兴趣的事物,并有足够的时间去无拘无束地与它们交流,并通过它们开始逐渐地认识这个世界。我对于自然和美术的热爱,都是自然而然的,并没有什么刻意的成分,这些自然形成的爱好,对我后来的发展有着重要的作用。

小学:沉浸在书本的世界中

幼儿园之后,我进入了按照片区分到的小学,虽然在北京市来说是一所非常普通的小学,但是它在我家附近已经是最好的一所。

凭着不错的脑子，加上小学比较普通，因此竞争并不激烈。在小学，我仍然保持了傲人的成绩，数学题总是我给同学讲，语文作文总是被作为范文，英语也总是名列前茅。

老师破坏了我们之前的默契

原本对升学并没太多想法的父母，逐渐意识到我有能力到更好的学校继续学习，于是，在我四五年级的时候，开始考虑让我考一所好的初中。就这样，我参加了学校的奥数班。进入奥数班不久，我就发现我对解决奥数问题有一定的能力。老师提出的每个问题——即使是最难的问题，我都能自信地举起手，而老师也愿意让我回答问题，视我为一名得意弟子。我太习惯于回答出每一个问题，以至于在期末一堂面向家长公开的课上，老师希望给其他同学更多地机会，一直没有理会我高举的手，让我十分不爽，犹如他违反了我们之间一个不曾说出口的约定。课的最后，老师提出一个最难的问题，当其他同学都回答不出来而没有人举手时，老师终于叫了我的名字，我却因为老师破坏了我们之前的默契这一"背叛"行为，明知答案却不愿回答了。那节课之后，老师甚至还专门找到我的父母来道歉。现在想来，真是让我感到汗颜。后来课程完结，幼稚的我也没有去给老师道歉，等到我更加明晓事理的时候，我却联系不到那位老师了。至此，我感到非常惭愧，也非常遗憾。我想，或许我可以在这里对他说一句对不起，道一声感谢。

奥数班之后，就迎来了小升初考试的日子。犹记得，为了准备考试，我和父母一起做完了一本厚厚的奥数书上的每一道题。那些稀奇古怪的题目中的有些题即使看了答案也不是很明白，我就和父母一起研究，直到清楚透彻为止。随即，我参加了清华附中的同方杯竞赛。对于进入那个遥远的海淀区名校，我父母本来并没有抱太大希望，但是若干天后我们却接到了一个电话，表示我得了奖，并可以直接进入清华附中龙班。就从那个时刻起，我与清华就结下了不解之缘。这是奥数给我带来的最直接的收获。

将奥数和兴趣爱好结合

而在另一方面，我也能够明显地感受到学习奥数对我智力的锻炼。从小学开始，学习对于智力的要求会越来越高，且不说大学一些理工科需要学习的艰深的数学、物理，即使是高考的压轴题，也是一定程度上对智力的考验。而在轻松的小学时期将奥数和兴趣爱好结合，让孩子得到一定的锻炼，总会有一定的裨益。当然，后来奥数慢慢变得臭名昭著，可能是因为一些家长不顾孩子的具体情况，硬加逼迫孩子学习，导致孩子负担过重，苦不堪言。这种情况是应当加以避免的。每个孩子都有自己的天赋，有些孩子可能恰恰并不适合这类智力竞赛式的训练。这种情况下，加以强求，只会适得其反。在我的小学，就曾有一个同学参加了奥数班，但学习得较为吃力，于是就放弃奥数，转而学习她喜爱的舞蹈。虽然，我不知道舞蹈会不会对她日后的升学有直接的好处，但当时看着她每次舞蹈时幸福的表情，我知道这一选择一定不会让她后悔。或许，舞蹈将成为她一生的爱好。

一年一度的课本剧

小学的课余活动，十分丰富。印象最深的，当属一年一度的课本剧表演。虽然名叫课本剧，但剧本是自己来选择的。十来个同学，选一个好故事当剧本，做一套头饰、舞台布景，排练几次，就可以参加课本剧的选评了。选上的小组，可以在学校的新年晚会上演出。我总是组织的那一个，定好故事后，我会组织大家排练、做布景。有一年，我们的课本剧通过了选评，在新年晚会上进行了演出。当时，我和一位好朋友分别扮演两只小鸟，我们在舞台上跑动，旋转……节目得到了大家的掌声，我和同学们都非常开心，我们的关系也更加亲密了。

类似的活动还有很多，这种活动是最容易促进同学建立感情的了。在这类活动中，同学的友谊变得更加深厚，与此同时，同学们的能力也能够得到锻炼。那些所谓的 leadership 不就是从小的时候，就在这样活动中锻炼出来的吗？交流能力、协调不同事物的能力等，都可以在这类课外活动中得到锻炼。

每天守在电视机前

小学时期的课余，我仍旧延续之前的爱好，继续探索着自然。记忆犹新的是，当时每天放学后，大约是 6：15 左右，北京的某个电视台都会播放野生动物的纪录片，而我每天回家，放下书包就兴致冲冲地打开电视，等待这个节目的开始。如今，当大家讨论小时候看的宠物小精灵、小龙人等等动画片时，我总是无话可说，就因为我小时候，几乎没有看过动画片，陪伴我的，是矫健的猎豹、透明的水母以及危险的眼镜蛇。但我毫不惋惜，因为彼时的那些节目，帮助我塑造了我的世界观、帮助我理解了这个世界。后来上高中生物课时，我默默地发现自己对于进化的理解，在某些方面比老师还要深刻。与同学讨论时，我发现竟会有人对一些我自认为是常识的生物知识，毫无所知。这时，我都会默默地感谢父母。当时没有因为害怕影响我学习，或是担心画面有些血腥，而阻止我每天守在电视机前，等着与我心爱的大猫猎豹相见。

另一方面，逐渐有了一定识字能力后，在小学我养成了必将保持一生的习惯——阅读。我一边又一遍地读着父母给我买来的小说、科普读物，沉浸在一个个书本中的世界中，有时几乎废寝忘食。现在看来，我当时读的书作为儿童文学确实不错，但毕竟在深度上有所欠缺，并且也多是小说等虚构类读物，缺少历史等方面的非虚构类读物，这也导致我直到现在，仍然感到自己在这方面的欠缺。这，不能不说是一个遗憾。

没有阅读的人生难有深度

然而无论如何，对于书本的热爱贯穿了我的小学时光并延续至今，到现在我愈加相信热爱阅读一定应当是一个人、一个有追求的人必不可少的特质。由于现在的孩子们生活经历比较接近，很难丰富，因此要想提升自我，最好的办法就是求助于阅读。没有阅读的人生难有深度，阅读促进人对于世界的理解，这些我想已经是共识。然而这些年来我仍然会发现，在我周围的许多同学，虽然都是非常优秀的学生，却并没有阅读的习惯，即使读书，也只是一些价值不高的消遣性读物，时时让我心下惋惜。因此，从小引导孩子们多多读书，即使只是对于高考语文分数的提高，也是大有效果的，更何况读书的益处其实远远大于此呢？

总结小学阶段的经历，我认为：学习方面，多读书对于语文大有裨益，学奥数对于考取理想的初中，产生了直接的帮助。课余方面，拥有一些爱好，尤其是养成多读书的习惯，对于之后的人生，有着难以估量的作用。

中学：一条美好的路途在我面前展开

我的初中和高中都是在清华附中度过的。附中对我来说，有着太重要的意义。还记得，在接到清华大学录取通知书的一刻，我忽然深深地意识到，清华这两个字将在中学之后，继续贯穿我的生命——6年清华附中，5年清华大学，11年的时光都在这里，而清华这两个字对于我的意义，也变得更加难以估计。

直接进入附中的重点班

记得当年参加同方杯考试之后，我得到的分数看起来非常之低，这让我和父母都认为自己与清华附中无缘了。后来，竟然接到了通知去领奖，并且可以不用参加分班考试，直接进入附中的重点班，也就是龙班。当时，第一次走进附中食堂三层的多功能厅，对年幼的我来说，一切都是那么崭新和特别。之后，我又到实验楼的小房间面试。后来的6年里，每次从那里经过，我都会唏嘘不已，想象着一个天真幼稚的小孩儿，紧张地坐在面试官面前，回答问题的情景。

现在，往昔的场景都已模糊，唯一清晰的是，在得知我能够进入清华附中学习时的喜悦。幼时的我，仿佛看到一条美好的路途在我面前展开，而那时我还不知道附中将会对我有多么重要的意义。

每个月还有月考

由于在一所相当不错的中学的重点班学习，中学时期没有像小学那样，能够轻易地得到每一个第一，但我的成绩一直处于十分靠前的位置。虽然是重点学校、重点班，但是我觉得学习压力并不十分沉重。6年中，基本上每天都是6:45起床，7:45早自习，8点正式上课。中午，在学校食堂吃饭，下午5点或6点放学，晚上11点或11:30睡觉。平时，除了初三、高三时，也有时间看书、听歌、看电影等，去做自己感兴趣的事情。

一般，只有期中期末考试。高三时，每天最后一节课的时间是进行统练，也就是做一套某一个科目的卷子。另外，每个月还有月考，另外还有期中、期末考试以及摸底考试。上大学之后与同学的闲谈中了解到，我们学校的频率，其实并不算高。在作业方面，老师留的作业量尚可，一般不会出现做到两点还做不完的情况。高三时期，作业稍多一些，但仍然在我可以完成的范围。

只有多做题这一个办法

关于学习方法，我谈谈自己的一些想法。语文方面，如果想要彻底提高素养，肯定还是要多读书，这应当是从小就一直积累的，其他任何提高成绩的小诀窍、小方法可以说都属于治标不治本。但对那些已经进入高二、高三的同学来说，短期内增加阅读量，并不会有质的改变，这时应当学习一些技巧性的学习方法，犹如考托福、GRE 之前上一上新东方一样，学习一些小方法是可以有一定的效果的。举例来说，如收集议论文的论据、认真了解几个国内外的大师（任何领域都可以，并且以略偏但不那么偏为最佳）的生平、作品、观点、性格、轶事等、掌握答诗歌题的模式化句子、掌握答阅读题的套路等。

数学方面，要想快速提高，似乎只有多做题这一个办法。当然，也要多注意总结典型的题目，总结自己的错题，了解自己在哪些地方容易马虎犯错，并在每次考试之前把所有的易错点写在一张纸上多看几遍，避免考试时再次犯错。

英语方面，多读、多写、多听、多看，也要总结错题，值得一提的是《五年高考三年模拟》这套书，其中的英语是我认为最容易有帮助的一本。它的语法讲解非常深入、全面，练习题也都很有代表性。不过北京高考进行改革之后，英语可能会有较大的变化，我虽然没有特别的关注过，但我认为总体的趋势还是会向着越来越淡化语法、强调应用和理解的方向发展，所以面对着将会改革的英语，在这方面我也就没有多少发言权了。

理综方面，生物要牢记所有的知识点，并且一定要概念清晰，应当做到基本不丢分。化学应当注意推断题，要了解各种物质的性质，牢记方程式，并多练习一些氧化还原反应的配平。物理则要多做力学和电磁学的难题，努力在考试中做出压轴题并尽量少丢分。

在高考中，我确实有不少遗憾，但是仰仗着身处首都北京这一优势，虽然考得并不算圆满，但是仍旧能够进入我的第一志愿——建筑系学习，这对于我来说，就已经足够了。

一个优秀的班级给了我们所有人自信

附中的班级氛围非常融洽，老师与同学会在任何时候送来你需要的帮助、关怀和谅解。我初中所在的班级，一直是非常优秀的：我们几乎包揽了所有比赛的特等奖或一等奖。我们为各种活动投入巨大的心血，并且总能在最后获比重，赢得最好的结果。中考时，我们班的成绩也非常好，不少同学签约留在了附中，进入高中部学习，还有一些同学考到了人大附、四中、北大附等学校学习。身在一个优秀的班级给了我们所有人自信和坚强，也使得同学之间的友谊更加深厚。

在我高中的班级里，我们虽然没有像我初中的班级那么所向披靡，但是我们还是一样的热爱着她，甚至更为深沉地爱着她。或许是年龄的增长让我们成熟了，我们懂得了团结，懂得了奉献，更懂得了去接受并热爱这个集体的完美与不完美。我们会花上数个小时讨论短剧剧本、运动会入场式，会用休息时间一遍又一遍地练习合唱、进行训练，会焦急地讨论班级的学习状态，会耐心地安慰在高三压力下崩溃的同学，而更重要的是，我们会在有所收获后放声大笑,也学会在失败与泪水之后,平静地分析总结。

我认为,在中学里,一个好的班级对于一个同学来说可以说是最重要的。班级的氛围会深刻地影响到同学的学习和生活的态度,积极向上的班级性格可以让不爱学习或者学习有一定困难的同学端正态度,认真学习。而良好的同学关系可以让同学课上课下感到自由、舒适,良好的互助氛围能够让成绩不那么理想的同学敢于问同学问题,同时并不觉得有损颜面。我在初中和高中的班级内的同学大部分都发展得很好,现在都有不少同学在清华北大上学,更有一些同学已经到了美国顶尖的大学学习。即使是当时在班上显得并不太突出的同学,虽然没有考到清华北大这样的学校,但是在大学期间我也经常听到他们的消息,我发现许多人在自己的院系要么是名列前茅的佼佼者、学霸大牛,要么是社工丰富多彩的社工达人。当然,这些成绩首先是由大家的能力获得的,但是中学时期美好而有益的经历与此也一定有或多或少的关系。

当然,在这样的班级中也易于形成真诚、长久而牢固的友谊。到了大学,一个班级的同学之间的交流变得非常少,虽然我在建筑系,经常在系馆内的专教做设计、做模型、画图,和同学的交流已经远远多于其他院系,但是相比中学时期还是少了很多。因此,中学时期仍旧是收获友情最重要的时间段之一。在一个同学关系融洽的班级内,真诚的友谊几乎是顺理成章的事情。时至今日,我们中学的班级还会时常组织聚会,而我的不少好友虽然都身在美国不能常见,但我们仍会写写明信片、寄寄礼物、跨越时差聊聊天,并且在心底深知彼此会是自己一生的好友。

每个同学都记着他们的一两句口头禅

回过头来,总是觉得能够在中学六年遇到不少优秀的老师非常幸运。不论是青年还是中年，不论是文科还是理科，老师们都总是耐心仔细地为我们解答问题，其中也不乏几位才华横溢的老师，总能让我们惊叹。他们的课堂有时轻松幽默，有时紧张有序，有时妙趣横生，有时慷慨激昂，总是能调动所有的同学们一起聆听、思考、探究。在课下，一般来说，只要提出请求，老师总会乐于将自己的课余时间奉献给同学们。不论是解决学科内的疑惑，还是生活上的问题，老师们都会耐心倾听，给予我们教诲与鼓励。

我初中和高中的两位班主任也是非常优秀的。我初中的班主任温和而严厉，在同学们的心中几乎是位完美的教师。她的数学课堂讲解深入而独到，一道题的多种解法拓展了大家的思路，多道题的方法总结则帮助我们触类旁通。课下的她除了关心同学们的生活，更教会了大家如何做人。

高中的班主任老师则有着截然不同的风格。教化学的她风趣幽默，亲切可爱，高一入学之初便给我们留下了深刻的印象，是一位非常优秀的老师。对于如何抓住同学注意力这一困扰许多老师的问题，她能够轻松地解决，直到所有人都困乏不堪的高三，化学还是大家最期待的一门课。只因她能够巧妙地将幽默与知识融合起来，使课堂永远活跃。或许正是因此，我们班在化学方面成绩十分突出，每次考试都能够傲视群雄。而在幽默的外表之下，她其实更为亲切深沉，就像同学们的好朋友，对大家提出的任何问题加以解答指点，并默默地关心着班中的一点一滴。在班级事务上，她总会聆听同学们的意见，征求同学们的新鲜想法。在她身边，同学们更加自信，更加成熟。她也因此得到了所有同学们最真诚的尊敬与热爱。

附中的每个老师都有着自己的特点，以至于每个同学都记着他们的一两句口头禅，并会在聊天时信手拈来。这些学习中的细节虽然很小，但是却是学习变得生动有趣的原因之一。

写了这么多,我想说的是,进入清华附中这样较为优秀的学校的一大好处,就是学校能为同学提供强大的优秀的师资力量。一个好老师对于同学成绩的提升作用是毋庸置疑的。就以我们高中班主任为例,她教的科目是化学,除了我们这个重点班外,她还教一个普通班。我们班的化学成绩就不用说了,而那个普通班的化学分数有时甚至会比次重点班的分数还高。老师的作用可见一斑。老师的影响也不仅仅限于成绩方面。优秀的班主任会关注每一个同学一点一滴的生活,会帮助遇到问题的同学一切走上正轨,会和同学们成为很好的朋友;优秀的科任老师会给同学比书本上更多的知识,会拓展同学的视野,让同学对于学科真正地产生兴趣;优秀的老师会给同学有关人生的理解,会帮助同学树立自己的三观,在中学时期,这从长远来看其实是比高考更加重要的事情。在附中这样的学校我们非常幸运,基本上每一个老师都是非常优秀的,我们能够在高考考出好的成绩、在大学有更好的发展,与他们有着莫大的关系。

一起在高三的中午趴在桌子上午睡

此时此刻我深切地知道,与清华附中同学们的友谊将是我一生最宝贵的财富。在他们之中,有些我只有一面之缘,有些我共度了3年,有些我共度了6年,更有些与我一起在清华继续了学业,成为了10年的同学。

写到这里,我停下来,回忆着中学时那些与同学在一起的情景,一个个画面如同电影一般出现在我面前。我记得运动会时我在操场看台上焦急地向下望着的他们的被汗水浸透的脸,我记得看着全班同学在教室中整齐而和谐地合唱着比赛曲目时心中的感动,我记得和同学们一起在高三的中午趴在桌子上午睡,阳光透过厚厚的窗帘静静地洒在桌子上。我怎能用短短几行字去写出我们共同走过的这6年,无比灿烂美好的6年?我写不出,我做不到,但重要的是,它们永远在我们心中,我相信仅此,便已足够。

同学们在中学中对我的影响体现在各个方面。在学习方面,我会请教同学我不明白的问题,或者与同学讨论一道题的多种解法;在生活上,我们则都是非常好的朋友,在遇到任何问题的时候,我都知道朋友们会在背后支持我,鼓励我,这让我有勇气面对一切。

有了更深的责任感

初中,我担任班级的文艺委员,而在高中,我从高二开始担任了班长职务。担任职务对我的影响也是不小的。作为文艺委员,我组织大家参与各种文艺活动,作为班长,我更多地组织起同学进行各项活动,我也对于班级有了更深的责任感。有一段时间,我们班的整体成绩有些不理想,我很想帮助大家找出问题、走出困境,于是就设计了一份长长的调查问卷,调查大家在各科目的学习情况,并将结果反馈给同学、各科老师和班主任,让老师同学都能有针对性地调整下一步工作。在各种活动中我也都积极参与,合唱、短剧、运动会……在各种活动中我锻炼了自己的能力,也与大家变得更加亲近。

我在剧中打了个酱油

在附中的这6年来,我参加了许多大大小小的活动,从中收获不少。在学校组织的活动中,各种比赛恐怕是最受同学欢迎的,也是最锻炼同学能力的。在这些集体活动中,全体同学都积极地参与进来,分工合作,各显其能。运动会时,同学们利用课余时间训练着,甚至受伤了也不肯放弃,而我这个没有体育细胞的人,也在场下默默地写着宣传稿,或是在看台上为同学加油;

"一二·九"短剧和英语短剧比赛前,同学们在课后排练、制作道具,用废寝忘食来形容也毫不为过,我则在剧中打了个"酱油",扮演了一个充满革命精神的学生;合唱节前,我和文艺委员翻遍书店寻找合适的合唱曲目、逛遍服装市场寻找演出服装,利用课后时间一遍又一遍的学习、练习曲目。

而其他很多——如军训、拓展训练、野炊,同样锻炼了同学们的能力,增进了同学们的友谊。这些由照片记录的美好时光会一直镌刻在我们的记忆里。所有这些活动,不仅仅提高了同学们单方面的运动、演出或是合唱能力,更锻炼了同学们的领导能力、组织能力、合作能力,最重要的是每一个班级都在这些集体活动中愈加成熟,愈加团结,同学与老师们之间愈加了解,情谊愈加深厚,比赛结果带来的笑与痛会在记忆中被慢慢荡涤去,而这些才是我们永远的回忆。

恋爱是一件花费时间和精力的事情

我的男朋友是我高中的同学,我们在高三时走到了一起,并将感情一直保持至今。前些天,在附中的学生节时,我们还一起穿着校服回到附中,一起走过当年相伴走过几千次的石子小径、曾经开满蒲公英而如今成了球场的实验楼中庭,走过我曾经看他比赛的操场,对此,我们唏嘘不已。

大家都在说,高中时期家长们在对待恋爱这件事上,总是抱着反对的态度,而到了大学,又忽然盼着孩子在几天之内立刻找到一个如意娘子或如意郎君。虽有说笑的成分,但在一定程度上这也是事实。就我自己来说,我认为大学时期除非是同班同学,很难对一个异性有很深的了解,而在大学里越来越浮躁的今天,有太多人抱着"我要一个汉子/妹子"的态度开始在身边筛选,筛到最后,剩下的就成为了选择的目标。这样的爱情,在不少情况下都会像泡面一样,迅速、直接、立竿见影,却缺乏营养,没有深度。

我的高中同学们中也有不少情侣。到现在,陆陆续续也有不少分开的,但走到现在的不在少数。我并不是在鼓吹所谓"早恋"的好处,只是认为中学时期的学生之间的了解,更为深入,因此也可能更容易产生长久而稳定的感情。恋爱是一件花费时间和精力的事情,这毋庸置疑;而我想我们也多是占了身在北京这一优势,因此学习负担并不太重,竞争也没有那么激烈,所以这件事对成绩影响不大。而在竞争非常激烈、高考录取分数线很高的地区,花时间去恋爱与不花的差别可能就会比较大。其实,两人保持朋友关系,互相鼓励,直到一起考到心仪的大学成为情侣,也是非常美好的事情。在这些具体问题上,就要看同学的选择了。而家长要做的,就是尽量理解孩子,适当地引导他们,尽量不要采取过于强硬和极端的手段,以防止孩子产生抗拒的心理而造成适得其反的效果。

中学生涯给了我太多,收获了优异的成绩,收获了珍贵的友情,收获了真诚的师恩,也得到了完美的爱情。她,送我走进了清华大学的大门,帮我一步步接近人生的理想。在附中的生活,一定会是我这一生都难忘的时光。

在清华:开始追逐理想的旅程

高考之后,我如愿进入了清华大学建筑系。一晃至今,已经三年多了,清华、建筑系渗透进了我的整个生活,而我也是在这里,开始了追逐理想的旅程。

说了这么久我的理想、我的梦想，其实它很简单，那就是，做我自己的建筑，干净的、纯粹的、有力量的建筑；并且，和我的家人们好好生活。不知道这梦想是否让一些家长、同学们失望了。但我想，像扎哈、库哈斯一样成为大师并不重要，像王澍一样获得国际的认可也并不重要，最重要的，还是做我认为好的房子，过我认为幸福的人生。

睡眠时间则因人而异

在建筑系，学习压力要比高三大得多。高三虽然精神紧张，但是还是能够保持充足的睡眠，而在建筑系，睡眠时间则因人而异，从零小时到七小时不等。尤其是在期中、期末两次交图日之前的几天里，只见半夜时建筑系馆的专教里仍旧到处是人，空气中弥漫着外卖的味道，不少同学几乎等于住在了建馆，画图画得日夜颠倒、黑白不分。

然而另一方面，建筑也给了我们非常多的快乐。还有什么比亲手创造一个事物更美妙的呢？做自己的设计，是建筑最有魅力之处。与设计老师的互动中火花四射，与同学的合作中灵感迸发，在竞赛中尽情发挥想象，在设计中表达自己对于宇宙的思索——这些都是建筑给我们的。

建筑系是清华一个传统的系，建筑也是高考报志愿时一个热门的专业，但在同学进行专业选择时，一定不要因为它表面的炫目而盲目报考。同学和家长一定要在报考之前仔细查询相关的资料，多与本系的同学、老师沟通交流，弄清楚这个专业究竟是不是同学想要的，建筑师究竟是不是同学将来想做的职业，然后再进行报考。我的同学中，就有一些由于自己高考分数较高，认为报别的专业太可惜了，就报了建筑系，学习了一段时间之后发现并不适合自己，却又由于成绩不够而无法转系，只能在此继续学习自己并不喜爱的知识。也有些同学，报考时犹豫于建筑和另一个更加心仪的系之间，听某些老师说进入建筑系以后，将来想转专业随时可以转，到了这里，才发现远不是这样一回事。消息不准确，耽误了自己的学习。这都说明，在填报志愿之前获得充分的资料、对想报的专业有深入的了解是多么重要。

半年的交换生涯

在大三学年的上学期，我到欧洲进行了一个学期的交流。半年的交换生涯结束后，又回到了美丽的校园，重新融入了清华建筑系紧张忙碌的学习中。然而我心中的一些东西已经默默地改变了，一切似乎依旧，一切却都不再依旧。

作为建筑系学生，这次交换的收获大约可以分为两方面。一方面是，在校园内体会到的中西教学方法的不同，以及这些不同为我们带来的启示，另一方面，则是亲身体验了之前在书本杂志上无数次看到过的、被老师同学们不断提起的大师建筑作品后得到的收获。

国外建筑设计课的理念与国内很不相同。首先，老师们基本不会对同学的方案进行巨大改动，或完全否定同学的方案。他们更倾向于尊重同学的思路，即使认为有一些问题，也会让同学继续现在的想法，只是在这基础上，引导同学朝好的方向发展。他们不会进行过多的"传授式"教学，他们真正讲解的东西很少，对同学更多的帮助只是引导。而国内，老师们则更注重同学们作品的合理性，会更多的为同学进行讲解。

我想，这可能表现出了欧洲的老师更希望学生多样发展的心理。许多欧洲建筑师都是以奇思妙想著名的，卡拉特拉瓦的优美形体与合理结构的结合，高迪的童话般的想象力等，都是在这种自由的环境下孕育出的花朵。当然，或许因为欧洲生活水平较高，建筑师们不用费力去做"对的"建筑以获得足够多的项目就可以维持自身的生活，因而有更多的机会去做自己想做的建筑。而在中国，市场恐怕扮演了更重要的角色，因此"主流"、"正确性"成了许多建筑师必须达到的目标。

渐渐感受到欧洲人不同的设计步调

在这里，建筑设计课进展比较慢，第一节课上我们就惊讶于竟然要用好几节课的时间进行地段调研，而在清华，地段调研基本在一周内就会完成。而随着课程的进行，我们渐渐感受到了欧洲人不同的设计步调。由于同班的同学有很大一部分都是欧洲交换生，我们可以体会到欧洲建筑人与国内的不同。他们设计进展较慢，喜欢花许多时间在互相讨论上，而在最终制作成果——出图的过程中，我们也体会到他们作图的速度确实比我们这些中国学生要慢很多。

我想这从一个侧面体现出了现在中西方建筑的差异——欧洲的城市发展较早，因而现在城市化速度已经变缓，建筑设计师、景观和城市规划师们的项目并不多，设计时间也比较充裕，所以他们从大学时期就会比较慢地做设计，仔细推敲，仔细研究。而中国处于快速发展的阶段，大量的建筑项目向建筑师们涌来，为追求效益甲方往往希望尽快拿到方案，将建筑建造起来，因此设计周期相比之下要短很多。我想作为清华学生我也许在效率上已经有一定的能力，而在精致与静心上，或许也该向欧洲同学学习，集两者之所长，或许能够有更高的提高。

从更高的层次上体验了建筑

欧洲是个建筑大师云集的地方，我们则利用课余时间去寻找那些大师们留下的足迹。这里有现代建筑奠基人勒柯布西耶，也有白派大师迈耶，有将结构与美学完美结合的卡拉特拉瓦，有将地域性融入现代建筑的阿尔瓦罗西扎，更有当代明星建筑师们——扎哈哈迪德，雷姆库哈斯，BIG事务所，蓝天事务所……对于学建筑的我们来说，这里简直处处有宝藏。

以前总在书上看到的那些精美、震撼的场景们，如今竟出现在了我自己的眼前，真可谓奇妙。而看过了那些著名建筑们我才慢慢体会到，建筑真的是必须去亲身体验的事物，虽然我们之前看透视、看平面、听老师分析功能采光流线、搜集建筑的历史渊源，但是没有走进建筑，还是很难真的理解建筑。它们的光线、质感、颜色、空间、流线，甚至气质与灵魂，都只能通过走进去、触摸它、体会它来实现。

申请之前，我并没想象到这半年会对我有多么重要。而现在，又回到了熟悉的清华，走进了熟悉的建馆，我才明白我心中的一些东西已经改变了。这半年让我见识了欧洲人那种自在从容的态度，让我体会了不同国家建筑教学的区别，更重要的是，让我从更高的层次上体验了建筑，爱上了建筑。

这半年的交换经历对我的意义是重大的、也是多层次的。虽然回国后面对着换学分、补课等各种繁杂的事务，但我还是认为这次经历弥足珍贵，如果有机会，我也会对所有大学生、尤其是建筑系的同学们推荐交换项目，它对人的改变会是长久的。

难以相信这是位年近八十的老者

清华的学术资源非常丰富，其中各类的讲座，可以说是非常好的一部分。听了许多场讲座，其中，对于北京舞蹈学院学术委员会主任、舞蹈教育家吕艺生老师的讲座，印象深刻。

吕老师是一位充满激情的老人，虽然已经76岁，但是举手投足没有半点老年人的僵硬，若不是那一头白发，听着他中气十足的声音，看着他的动作，怎么也难以相信这是位年近八十的老者。他的讲解生动有趣，时而慷慨时而幽默，场下也是一时掌声雷鸣、一时笑声连连。

吕老师不仅很有个人魅力，讲座也不落俗套。面对这样的题目，一般的讲法或许应当是讲解中国舞蹈的起源、历史、发展、分类、在各种文化中的体现等，然而对于吕老师来说这些或许并不是重点，而与当代大学生分享他对于当代教育、当代舞蹈的理解与批评或许才是更加重要的。

当听到老师对春晚"土豪金"做法毫不留情的批评、对于赵本山小品中歧视残疾人情况的反思时，我也不禁开始思考中国当代文化、艺术的问题。虽然，对于春晚炫目led屏并没有非常喜欢，但看节目的时候，也曾是对其高科技赞叹不已，却并没有看到这一现象后令人忧心的一面。诚然，大场面、大led屏都是很好的，能够展现我国现在的实力和国家的风貌。宏大的场景也有它气势浩大、动人心魄的魅力。然而，当艺术过分追求大场面的时候，可能会渐渐偏离艺术的本质。艺术的主体永远是人，如果在对"大"的追逐中忘记了对于人的个体和群体的关注，艺术也就会渐渐失去它的价值，而沦为了炫耀财富与权力的花架子。在这场讲座后，我对于艺术、对于社会又有了更深的理解。

一群日后定将成为行业佼佼者的学子

像这样的讲座、或者与此不同风格的讲座，在清华还有非常多。这些讲座，让我们思考社会问题，让我们提升学术素养，让我们获得其他学科的知识——而讲座还只是清华诸多资源中的一小部分。

在清华，时常让我感到迷茫的是，有那么多的课程可以选择、有那么多的讲座可以去听、有那么多的社团可以加入、有那么多的活动可以参加，我究竟应当在哪些事物上倾注精力呢？虽然时而烦恼，但这也从另一个角度体现出了清华为我们提供的资源之丰富。

更不用说清华各个院系在学术上的水平，无论是建筑、电子、数理基科，还是经管、法学、人文，每一个学院都有自己优秀的教师，有一群日后定将成为行业佼佼者的学子。

在清华学习，无论是学霸学神，还是社工帝，无论是社交达人，还是话剧爱好者，无论是滑雪健将，还是桥牌王子，所有的人都能在这里找到发挥自己特长、培养自己爱好的地方，每个人都能够成为那个发光的人。

我在这儿，等着你

一万字下来，我竟然就这样回顾了自己二十多年的生活。在这二十年里，我走的还算顺利，没有经历什么太大的波折，这既要感谢我的父母，也要感谢我的老师和朋友们。

而展望未来，我想我也会一直坚定地前进，慢慢地接近自己理想的未来。祝愿每一个心怀梦想的学子都能够进入自己心仪的学校，实现自己美丽的梦想。而自幼就立志考上清华的你——你好，我在这儿，等着你。

高菁辰的分享有着丰富的内涵。涉及了她的幼年及成长，概括为尊重儿童天性，艺术熏陶；涉及了学业与学习，并针对学习方法，给予了很好的建议：语文方面，强调多读书，从小积累；数学要多做题；英语方要多读、多写、多听、多看；理综要牢记所有的知识点，牢记公式，多做难题等。同时，高菁辰同学的故事中，还涵盖个体发展与群体间的关系、如何处理早恋、学校生活等问题，应该引起大家的注意。其中有句话，说"一个优秀的班集体给所有人自信"，我想对身处教育生产链中的每个人，都应有启示的价值。

周杏雨 / 北京大学城市与环境学院

在校荣誉：学习优异奖、理科地理基地奖学金

高中毕业学校：湖南师范大学附属中学

高考成绩：652 分

最喜爱的三本书：《红楼梦》《看见》《我的快乐天堂》

最崇拜的人物：海伦凯勒、周恩来、莫扎特、曹雪芹

父母职业：父亲公务员　母亲教师

座右铭：没有胜利可言，坚持意味着就是一切

一句话形容北大：她给的光环既是压力也是不竭动力

梦想可以很远大

手中的事坚持干到更好

有时候，我一个人悠然漫步在博雅塔下、未名湖边，一些想法和疑问会在我脑海中回荡："我是怎么来到这个园子的？如果我没有来到北大，那此时的我，又会在什么地方做些什么事呢？"很多事虽然在意料之外。当细细回想成长经历时，却又觉得这是情理之中的。

从小到大，我不是一个善于规划，理想明确的人，但我最大的特点或者说最大的优点是善于将手中的事坚持干到更好。我一直坚信，梦想可以很远大，但目标一定要很明确，行动起来的人才是最大的赢家，不要做"说话的巨人，行动的矮子"。每个阶段，我都会有梦想，但会设立很实在的短期目标，落实在行动上。

我成长于一个相对自由的家庭环境中，父母为我创造了良好的外部条件，给我充分的空间决定自己的发展方向，但又不是完全放任自流，而是在适当的时候进行提点，并且告诉我"万事三思而后行"。父母的教育方式是我性格形成的关键。首先，不轻易做决定，但一旦下定决心就不能轻易放弃；其次，独立思考问题，同时也要善于听取他人意见，但不能被他人意见所左右。环境育人是在我身上体现得非常明确，一颗想要"赢"的心，让我在处于劣势的情形下迎头赶上，只要前面还有更好的人，我就能找到努力的方向，但这同时预示着我必须处在一个平均水平比自身高的环境中，我才能不断进步，也是这种特点让我成为一个适合做"凤尾"而不是"鸡头"的人，毕竟人最难战胜的就是自己。

幼年：寓教于乐　乐在其中

幼年的我一直是无忧无虑、随心所欲地快乐成长着，由于父母工作很忙，有时候无暇照顾我，所以幼年的我很多时间都是和外公外婆或者爷爷一起生活，只有寒暑假，才回到父母身边。老人们都很宠爱我，当然从小我就很乖巧懂事而不失活泼机灵的。父母一直希望我身心健康的快乐成长，老人们更加不会逼幼年的我干任何不喜欢的事。于是，我开心的时候，外公会教我写写阿拉伯数字、认认简单的汉字，外婆则每天睡觉前给我讲讲她烂熟于心的故事，爷爷喜欢说各种谜语让我猜，我总能乐在其中。

学会了麻将的基本打法

记忆深刻的是，因为外公外婆平常的娱乐就是用打打麻将消遣时间，浓重的好奇心总能让我安静地坐在桌边，看他们打麻将。外婆看我好奇，偶尔就教教我认几张麻将牌。日久积累，我竟然在他们毫无察觉的情况下，学会了麻将的基本打法。爸妈知道后都特别惊讶，外公开玩笑的说，"这孩子，恐怕以后理科会很好啊"，大家当时都一笑而过了。没想到多年之后的我，真的证实了外公的话，也许还真和学打麻将有一定关系呢！

最喜欢的动画片叫《小蜜蜂》

虽然有些记忆已经模糊了，但我依然记得小时候，我最大的爱好是看动画片。还记得那时最喜欢的动画片叫《小蜜蜂》，讲述的是一只从小和妈妈走散了的小蜜蜂，在寻找妈妈的路上不畏艰险、迎难而上、善良勇敢、永不放弃，最后成功回到妈妈身边的故事。幼小的我不知道何谓励志，但那时候就深深被那种不服输的精神感动着，有时还会看得热泪盈眶。《小蜜蜂》是打动我的第一部动画，有时爸妈会在一旁陪着一起看，还会问我，最喜欢的动画角色和为什么喜欢这个角色之类的问题。这，无形中可能培养了我的表达能力，也对我人生观、世界观的形成造成了影响。

对于幼年时期的成长，我很反对严苛的教育方式，如逼着去学乐器、要求去上各种形式的学前补习班。过早的智力开发不一定是好事，俗话说"兴趣才是最好的老师"，我很赞同我父母的"寓教于乐"的方式，小孩子真正喜欢做的事情，才能从中得到最大的收获和提高。放开翅膀，让小鸟更自由地飞翔。

小学：和小伙伴们打成一片

由于实在苦于我在家没人照顾，父母只好决定让我早点开始念书，所以我开始上小学时比同班的所有人都小将近一岁。老师有时候看我年纪小，就想照顾我，但我不觉得自己应该受到更多的照顾，坚持自己的事情自己做，由于父母工作变动，我小学期间换了三所学校，从二年级起我就进入了一所普通的公立小学念书，虽然学习环境变了3次，但我活泼开朗的性格很快就被老师和同学接纳，和小伙伴们打成一片。妈妈为了更好的照顾我，从原来工作的中学调到我所在的小学教书，工作的变动使她每天都很忙，幸好我在学习上都不需要父母太多操心，每天完成作业是第一要务，作业完成之后就会自己在学校玩，等妈妈下班之后一起回家，回家和爸爸聊聊在学校的趣事，晚上八点上床睡觉。

给我买了很多复杂的拼图

教我的老师们和妈妈是同事，大多数时候都对我寄予厚望，比如总希望我能在各项考试中取得高分、希望我能参加各科目的兴趣班、希望我能在奥赛中取得好成绩等，而我的父母一致认为不应该在小学就给孩子背负太重的课业负担，以后初中高中甚至成人之后的期间，会有不得不做的事情压在肩头，所以趁着还比较轻松的小学，实行"天高任鸟飞"的政策，于是我又开始凭着自己的兴趣，在小学阶段学了画画、电子琴和拉丁舞，除了这些，我依然喜欢看动画片，《名侦探柯南》《灌篮高手》《足球小子》《美少女战士》……都是我的最爱，那时的我还爱好拼图，父母给我买了很多复杂的拼图，我总能一个人玩得津津有味，拼出来后给家人朋友展示，大家都会夸赞我很厉害。我就这样过着快乐而充实的小学。

老师们给了我很大帮助

虽然父母不给我学习上的压力，但也不是完全不管不顾我的学习状况。考试考的好时，他们会给我很多奖励，带去公园、吃肯德基、买新衣服……考得不理想时，不会惩罚我，但会和我一起检查每道错题，再教我认真更正并理解该知识点。小学老师们同样在学习上给了我很大帮助，语文老师细腻而又充满趣味性的课堂教授，数学老师为我们敞开理科知识的大门，英语老师为我以后出国交流打好坚实基础，体育老师教育我们锻炼身体的重要性……他们的教导让我对未知的世界充满好奇心和求知欲，了解得越多一点就越想知道更多，也许是从小学起培养出的对未来的憧憬，所以让以后的我在对梦想的追求上勇往直前。

初中：学习变成了一个很有动力的事

不知不觉轻松愉快、没有负担压力的小学六年，一晃就过去了，我顺利的进入所在城市当时最好的初中——株洲市第二中学。在即将踏入初中的那个暑假假期里，我十分悠然自在的过了"猪"一般的3个月，心里盘算着"终于不用在有我妈妈的学校里念书"，不用时刻被监视了；终于可以像其他同学一样，自己上学放学，在回家的路上买很多路边摊的小吃饱口福了。但初中开学的第一个星期，这一轻松愉快的心情马上被夺走了。原来，离开家长的庇护，我们只能独自面对很多意想不到的挫折。请和我一起，再经历一遍我"欲扬先抑"的初中生活吧。

第一次意识到了成绩的重要性

还未正式开学前，学校组织举行了全年级新生的入学考试，并且会根据成绩进行分班，每位同学在班级里的学号即为该同学入学考试在班上的排名。于是在开学的第一天我就清楚了解到自己在这个班级乃至整个年级的成绩排名。

那一年学校本部招收 6 个班，每个班 50 多位同学，我在 3 班的学号是 12，班上一共 54 位同学。入学分班的标准是根据成绩排名均匀的将学生分到 6 个班上，使 6 个班的学生成绩状况平均分布。虽然学校并未公布入学考试的全年级排名情况，但大致能推算出我入学考试在年级排在 80 名左右。对于一个小学无忧无虑，从不需要为成绩、分数担心的孩子，第一次意识到了成绩的重要性，从表面上是决定了我的班级，其实还可能对我整个初中的成长和今后的发展造成影响。

排名在班级 12 名，我对这个入学考试成绩，不算满意但也没有觉得特别差劲，总之认为还过得去。但开学之后的第一个星期结束之时，安于现状的我终于感到了一丝"兵荒马乱"与"措手不及"，第一周周末进行了奥赛资格考，根据考完之后的情况划定分数线，超过分数线的同学才能参加周末的奥赛培训课，公布成绩后，没受过这个分数刺激的我，只能用傻眼来形容。虽然现在的我早已忘了分数线是多少，但我当时考的分数是忘不了的，48 分像一个巨大的蜘蛛趴在我的心上，我害怕它却甩不掉它。理所当然，我初一没能进入奥赛班。公布成绩的那天，没经受过如此大的打击的我在回家的路上一个人边走边哭了一场，回到家里，父母都相继安慰和鼓励我，告诉我说："这个学校都是全市最厉害的学生，即使没考上奥赛班也不代表你很差劲，只是相对于他们在奥赛上不够擅长而已。"他人的安慰只能稍舒缓心情，最重要的是自己过去这个槛。

我一直有一个很大的特点：容易对小小的不顺感到挫败，但不容易一蹶不振。所以往往挫折对我的消极影响不会持续太长时间，消极影响过后，会是持续长时间的积极作用，使我接下来很长一段时间干劲十足。

时钟调早 5～10 分钟

这个挫折过后，我进入了正常的初中生活，每天就是穿梭在学校和家之间。学校离家很远，从家要先走路 15 分钟，到达车站后再经历 40 分钟的车程才能到学校。学校是 7 点半开始早自习，加上爸妈坚持早饭很重要一定要在家亲自做给我吃，所以我每天都会 6 点起床，由于我是一个时间观念很强的人，所以我的手表、闹钟等有时间的设备都会被我调早 5～10 分钟。我回到家的时间一般在下午 6 点半之后，夏天的时候感觉还好，但冬天就真的是起早贪黑。现在回想起来，还真为小小年龄的我感到骄傲呢。

初中第一个学期的前半段基本都沉浸在对新鲜生活的好奇探索、认识新同学新老师的惊喜中，那段时间我的学习方式也基本沿袭了小学的流程，听课和完成老师布置的家庭作业，又加上我没考上周末进行的奥赛班培训，所以我初一的空闲时光很多，渐渐迷上了弹钢琴。在和爸妈的讨论下，终于买回了一台钢琴，并且每周都去专业老师那上钢琴课。周一到周五的时间安排是晚饭过后完成老师布置的作业，然后练习至少一个小时的钢琴，九点之前必须上床睡觉，这也是小学早睡习惯的延续，因为父母担心早上起床太早所以要求必须早睡。周末大部分时间都用来休闲和练钢琴，这样的状态并没有让我感受到进入初中后学习任务加重的紧张感。一切果都是有因的，谁也不能期待永远不劳而获，于是这样轻松的学习了半个学期后，我又收获了进入初中之后的第二个挫折。

外婆披着外套佝偻着背

期中考试排名显示我从入学考试的 12 名退步到这次的班级第 21 名。排名出来后，我没有觉得对不起自己，因为我确实没有像其他同学一样努力学习，但是我觉得非常愧对父母和外婆的付出。他们轮流起床为我准备早餐，起床比我还早半个小时，雨雪天因为担心我而特意大老远跑来送衣服、送鞋、送伞。我脑海里浮现出每个冷天天还未亮，外婆披着外套佝偻着背，在厨房为我准备营养可口的早餐的情景，满满的自责就升上心头。他们为我付出了那么多，我就以这样拿不出手的成绩报答他们吗？我独自思索了很久，最后下定决心在期末考试迎头赶上。

期中考试后，学校马上举行了分班级的首次家长会，班主任李老师当时要求我们每个人给父母写封信放在自己的抽屉里，等到家长会的时候每位家长会看到自家孩子的信。我在那封信里给爸妈汇报了前半学期的学习状况，并且总结了期中考试退步的原因，最重要的是，我在信里表达了我的决心，并且希望他们一定要期待我的期末成绩，一定要相信我能做到。这么多年过去了，信件已经不见了，我在信里送的小礼物也不见了，但现在我和妈妈提起这封信的时候，她依然能清楚的记得信里的内容，从她脸上我看到了自豪和满足。

不愧是我女儿

整个初一后半学期，我都处在奋力学习的状态，自己买了些课后参考资料进行知识巩固，一边上课学习新内容，一边对期中之前的内容进行复习，反复训练自己薄弱的知识点。因为心里有了非常明确的目标——期末考试进入班级前十，所以一切都变得很有方向，不再像上半学期那样糊涂与迷茫，不再只将学习时间投入在课堂上和作业上，而是主动将闲暇时间安排在学习计划中。只能说老天待我不薄，我的努力付出立竿见影，期末成绩排名顺利上升到班级第二，大家都对我这匹黑马刮目相看，我捧着我的成绩单给爸妈看时，爸爸露出了一副"不愧是我女儿"的表情，每次我看到他这种表情的时候,别提我有多得意。于是,就出现了一对父女洋洋得意的喜感画面,此时妈妈就会在旁边表面嫌弃我和老爸这两个自恋的人,实际心里也是甜蜜蜜、喜滋滋的。

之后学习成绩没有出现过大落,基本都在班级前十浮动,而且初二开学初的时候我又鼓起勇气参加了奥赛资格考,这次我以资格考的高分被周末的奥赛班录取,进入奥赛 A 班。这着实让我很惊讶,当然更多的是"一雪前耻"的喜悦。只能说人生真的充满着奇迹,永远都不要对自己说"不可能",因为谁也不知道下一秒你会是一个怎样的你。虽然成绩没有大落,但也不是一马平川的,比如在初二刚接触物理这门课程时,也许是我接受新东西的能力比较弱,第一次物理小考,满分 100 分的试卷我居然只得到了 44 分,当时没有太难过,因为班上大部分同学也都考得不好。后来循序渐进,一步步理解"物理"知识点,发现原来物理也没有想象的那么难。

珍贵而又可爱的"暗恋"

这里还想和大家分享一个发生在我身上与学习有关的"暗恋"小插曲,初中时期,正是青春萌动的时候,我也无法避免的经历了这样一些珍贵而又可爱的"暗恋"小故事。初中后半段的某天,班上有几个和我很要好的女生同学跑来突然很神秘的跟我说,"你知道吗,某某某说他觉得我们班上最可爱的女生就是你啦……",听完这些话,我就很不好意思,但是心里却很开心,那一阵子也总是有人和我提起那个男生,同样是转述他认为我很可爱这种话。从那以后,我开始渐渐注意这个男生,有时候会偷偷看他,有时候会和他的目光相撞,然后我马上害羞的回避开来……就这样发展着,我仿佛觉得有一颗暗恋的种子在我心中发芽,我开始不敢和他说话,但又很想见到他,装作不关心他,却又很想知道他的各种消息。我把这种小心思说给了我最好的班上朋友,她偶尔也会对我开开玩笑,看看我不好意思的样子。初中的暗恋也就是这种痴痴傻傻的样子,美好而又单纯。初三我们开始学习化学,刚开始我也不擅长这门课,但是我却有充分的理由和动力把化学学好,因为那个我暗恋的男生当上了班上的化学课代表,他那时位置在我的前几排,每次我看化学书或者做化学习题时,都会抬头看看他的背影,然后干劲十足的开始学习起来。只能说这个动力对我来说很有用,我不仅化学基础课程学得很好,而且还被化学任课老师招入了竞赛组。所以,这样看来有时候暗恋也不一定会影响学习吧,反而对我的学习进步起了推波助澜的作用。

形成了自己的一套文理学习方法

初中阶段的课程比小学丰富了很多,内容更复杂,科目也明显繁多了,但总体说来,中考不算难,都是基础的学习内容,因此初中学习时的畏难情绪是不应出现的。只要根据自身情况制定适合自己的学习方法,养成良好的学习习惯,适当掌握考试的技巧,初中学习的风云人物一定非你莫属。

初中时期我形成了自己的一套分文理的学习方法,我是一个较为擅长理科的女生,我概念中初中范围内的理科包括数学、物理、化学,这三门课程的学习方法大同小异,首先将"地基"砌牢固,这就要求一定要认真听课,消化课堂的基础知识,看似简单的定理公式等,可是不容忽视的。课后针对性的复习并且进行一定量的习题训练,题不在多,而是选择针对知识点的有代表性的题,若发现已完全掌握该知识点,则可不再做此类习题。然后将上层建筑完善,在基础知识掌握后,可将多个不同知识点结合起来,做一些综合性的习题,一道题做完之后不论对错,可以先对其总结题里所考到的知识点,若该题做错了可以想想是在哪个知识点上出了问题。最后美化建筑外观，在前两步完成并且学有余力时，可追求更难更复杂的理科题，甚至是奥赛题，这是锻炼思维的好方法。但在进行这一步时，切不可走入误区，不要唯"难"是图，眼高手低，因为毕竟基础知识才是上层建筑的关键，并且不是要走竞赛的道路，中考里难题占的比例是很小的，那些不起眼的中等难度题和基础题往往成为成绩的决定性部分。学好理科，一些好的习惯是不能少的：1.认真核对答案。每次做完一套习题或者考完一次试不要认为就小解放了，一定要认真核对答案，准备一支红笔，自己批改好。有不懂的题及时查找资料或者问同学老师，直到弄懂每道题。这样可以清楚的了解自己最近学习知识的状况。2.准备错题集。为每个理科科目准备一个错题集，将每次考试和作业里的错题抄到错题集上，用不同颜色笔写下做错此题的原因（粗心笔误、概念混淆、计算出错……），分析每道题的知识点，并寻找与错题同类的习题进行巩固训练。3.时常复习旧知识。这一条是文理通用的，在学习新知识的时候一定不能将旧知识抛之脑后，应时常翻翻以前的知识点或者做做以前的习题，保持大脑对这些知识点的记忆，正如孔子说的"温故而知新"，既巩固以往的知识，又可能会加快对新知识的理解。

小纸条抄上十多个英文单词或古诗

我从小就不是个爱看课外书的孩子，所以对于文科的学习，我总处在弱势群体里。尽管如此，我依然有一些比较适合推荐给大家的学习习惯。我喜欢将零碎的空闲时间利用起来，前面提到过我在家和学校之间要花上1个小时，尤其是偶尔没有同学陪伴的40分钟车程，这段时间是很无聊的，我常会利用起来背诵诗词古文或者英文单词，当时我们每个初中生都会在胸前挂个校牌，我则喜欢在校牌里面放上一两张小纸条抄上十多个英文单词或者古文诗句。这样既打发了无聊时间，还把这段时间变得很有价值。在经济学上这是将时间成本转换成收益的好方式，推荐大家都来试试哦。虽然比起理科，我不太擅长文科，但是我却很擅长将文科转化成感兴趣的内容，比如我很喜欢旅游，致使我爱上了看地理书、牢记各个地区的特色，于是我将地理课程很多知识点都记得滚瓜烂熟，同时也养成我想去各地旅游的想法，这也可能是我在大学选择地理专业的中学基础吧。不要把学习当做苦差事，转换观念，看文科的教科书有时候可以像看各种新奇的故事书一样快乐。

　　临考前，既不要紧绷神经的学习也不要完全放松。不用实行题海战术，应该翻翻书看基础知识点，看看错题集。文科则轻松的记忆诗词古文，看看以往习题，在脑子里简单的回忆一下答案等。以一颗平常心面对考试，才能发挥出正常水平，这样的考试才显现学习效果的最好方式，因此建议在考试前一天的晚上适当放松心情，可以选择适合自己的方式，比如看看有意思的课外书、画画、弹琴等任何感兴趣的事情，我初中阶段考前放松的方式是在自己房间听歌，有时候边唱边跳舞达到自娱自乐的效果。但不要选择会沉迷的方式进行放松，比如看小说，这样的放松可能会适得其反。

在回家的路上玩背书接龙

　　最后，想提醒大家不要忽视同学朋友在初中学习和生活中的作用，同学可以说是学生阶段和我们交流得最多的人。我清楚的记得我初中时期经常和同学一起上学放学，一起乘车回家，因为人多所以可以在车上霸占整个车后三排，一起聊天欢笑，这是减压最快捷有效的方式。那时候我还偶尔和同学在回家的路上玩背书接龙，把复习学习转换成娱乐和交流，这样的学习效果出乎意料的好哦。还有一件记忆深刻的与同学一同进步的事情，那就是我和同桌比期中考试排名，并约定谁输谁请对方的客。两小孩拼尽全力，认真你追我赶，最后虽然我险胜一筹，但是我两的成绩都有所提高，而且在这个过程中乐在其中，学习变成了一个很有动力的事。最后同桌也兑现了承诺，请我吃了一只冰淇淋。

高中：放弃了复旦大学自主招生的名额

相信对于大多数人来说，高中3年都将是人生中难以忘怀的时光，这段和同学、老师、家长目标一致的奋斗史是从那以后再也追不回的宝贵经历。现在我还时常想起，那段时光好像所有身边人都团结起来，朝着同一个目标努力，生活充实而有方向性。但高中的我并不是从一开始就充分意识到自己方向和目标的，而是经历很长一段时间的摸索和茫然，最后才明白自己最想要实现的、最初的梦想。

爸爸在四所名校都给我报上了名

初中毕业后，我没有像大多初中同学留在株洲市念高中，而是选择了到长沙四大名校的湖南师大附中就读。做出这样的选择，是我和家人共同的决定。爸爸一直希望我能去长沙四大名校之一念高中，而在我则是因为很想换个环境学习与生活，好奇心和新鲜感驱使我偏向去远在省会又颇负盛名的名校读书。妈妈不太同意我去长沙念书，心疼和舍不得女儿的同时，又不确定去了那里是否真的能接受到更好的教育，但我家一向少数服从多数，妈妈随颇有微词，但最后还是接纳了我和爸爸的选择。其实要进名校对于我来说也不是得心应手的，四大名校有专门面向全省招生的资格考试，基本就是为招收全省精英而设置的，所以考试的题型几乎全是竞赛题和智商测试题。爸爸当时在四所名校都给我报上了名，通知考试时间后，发现时间上有很大冲突，最后我只参加了其中两所学校的考试。考试结果公布后，师大附中先联系了我，说我三场考试成绩为两A—B，因此我可以进入附中学习，被录取进入理科实验班的三班或四班。我先是高兴得意了一番，之后通知的人又说，只有得到三A的人才能进入理科实验班的一班、二班——真正意义上的理科实验班。我觉得仿佛阳光突然被遮在了乌云后，原来我真的是不够优秀的，并在心里打起退堂鼓，既然不够优秀何不在株洲做"鸡头"，为什么要耗费钱力去那里做"凤尾"呢？爸爸似乎一眼就看透了我的想法，他安慰我的同时毅然拍板说第二天就要去学校确认录取资格。

永远不知道下一秒你会是怎样一个你

暑期里进行的高中军训是我第一次真正意义上的离开父母，心情肯定很不舍，再加上我们高中军训弄得很正式，学生都住在专门的军训基地训练十天，条件艰苦同时训练量也很大，并且由于我们是被选入理科实验班的，学习上要赶在前头，所以我们还要在训练的空闲时间里上课学习高中内容。学的科目无非就是理科的数理化，我和很多同学一样，由于训练得很累，坐下开始上课就会很容易打瞌睡，这样的学习效果其实是不太理想的，我每次上课都提醒自己一定要认真听讲，尽量不要趴下。就这样在紧张的训练和学习下，度日如年般地过完了那十天。最后一天，我和一个同班同学坐在草坪上聊天，突然吹过来一阵风，带动着树枝摇摆起来，树叶沙沙沙的晃着，我无意识地脱口而出"树欲静而风不止，子欲养而亲不待"，然后就开始停不下来地大哭，旁边的同学都吓了一跳。也许是因为初次离家不适应，也许是军训生活太苦，也许是还没交到能交心的朋友，也许是因为我明白从那时开始我每年能在家陪父母的时间会越来越少……军训结束后，四个理科实验班又举行了一次考试，考的内容是军训期间新学的知识，这次考试我在当时的理科三班考得很好。这也直接导致了开学前的某天又收到学校教务打来的电话，告知我被提升到理科实验班的一班，也就是我最想进入的班级。这又再次验证了那句话"你永远不知道下一秒你会是怎样一个你"，所以请随时准备好，奇迹就会变成情理之中。

选择担任班级生活委员

高中生活就在这泪水和波折中拉开了序幕，因为是在长沙读书，离家很远，我只能寄宿在学校，幸好理科实验班的大多数同学都是来自全省各地，寄宿的学生占了大部分，寄宿生活也就没有那么无聊。刚开学的时间我感到很孤单，我和另外两个同班女生一间宿舍，她们两在军训期间就在一个班，而我是开学之后才来到这个班级的，所以所有人对于我来说都是陌生的，而军训期间认识的人都在另外的班，也没有时间总去找她们。那段时间我心情不是很轻松，但我很希望快快融入到这个班集体中，希望能交到很多好朋友，于是我勇敢地选择了担任班级生活委员，让我和其他同学快速互相认识。现在回想起来，高中时的友谊仍然如此珍贵，那时候的好朋友好同学真的是一辈子的福利。想起那时候一起相处的时光，会自然地笑起来，有一种温暖的情愫在流淌。

高中的第一个学期平平淡淡的前进着，当时一二班这两个特殊的理科实验班是不仅要在周一到周五正常上课，还要在周末进行奥赛培训。每位同学可以从数学、物理、化学、生物和计算机里选择一门参加，周六参加奥赛培训课，周日是自由时间。因为大多数同学家都很远,所以除了长沙本地的同学,其他人基本周末是都不回家的。最初的我们都不太适应,特别是女生,刚开学经常会有女生哭或者心情低落,随着与同学室友友谊的增加,我渐渐适应了高中的生活节奏。学校也给我们安排了放松娱乐的时间,如周四课间操时间用于影视歌曲欣赏,听最近的流行歌曲;周六晚上不回家的同学可以在教室一起看电影;周日自由安排时间等。从高一到高三这规矩都没有改变过,这些休闲娱乐是我们高中紧张学习之余最好的放松手段。我所在的高中虽是名校,但绝对不是一味追求死读书的学校,它更希望大家全面发展,除了学习,还应培养更多的爱好和能力,因此每年学校都有艺术节、科技节、社团文化节、体育节,这些节日都是学生们自己组织策划,成为同学们大放异彩的舞台。我们班虽然是以学习为重的实验班,但这些节日我们仍会积极参与,做出自己的特色,有一次科技节展演上我们班不负众望地获得了年级第一名。

终于熬到了高一结束

高一整整一年,我似乎没能进入学习状态,课在认真听,作业也仔细完成,竞赛课也努力赶上大家的步伐。但从考试效果看来,成绩一直不理想,也许是因为大家都是来自全省各地的精英,我被淹没在精英里是理所当然的。期中考试成绩出来后,我是班上的 40 名左右,班主任老师找我去聊了聊,他并没有说我做得哪里不好,而是问问我学习生活状况、是否有不适应的地方。我很感谢老师,但是当时的我是真的不知道该如何学习,即使认真学,好像也得不到该有的回报,似乎力使错了地方,无助感爆棚。期中考试后,我还是很努力的学习,想赶上其他同学,但效果都不明显,高一整一年的成绩都徘徊在班级二三十名,相比之下,我的朋友兼室友成绩都在班级前列。那种心理预期与实际的落差以及和他人的比较，瞬间让我感到无力，可是又不知该如何让自己进步。在高一第二学期的中段，某次实验事故使我烧伤了右手，一个星期都要去医院打点滴、换药、撕死皮，很长一段时间只能用左手写字吃饭，吃饭还轻松点，但写字就真的很困难了，导致那段时间我作业欠了很多，本来学习就不好的我，这样一折腾也就更堪忧了。有一次数学单元测验，我正好右手不方便写字，就大概看了一下试卷，没有作答更没有交卷，数学老师遇到我时，问起我的试卷，我就借口说右手不方便所以没写。他接着说了：XXX同学和你一起烧伤了手，她都写了上交了，成绩还考得很好，你怎么不也试着写写？我没敢回答，因为这次考的圆锥曲线是我最薄弱的环节，看了试卷后，我几乎没有解题思路，只好找受伤了当借口。高一快结束的时候，我很迷茫当初为什么要选择大老远跑来长沙念书，越想越觉得不值得，想家又回不了家，而且说不定我就不是能读书的料，高考都跟不上就更别提竞赛了。越想越沮丧，更无法集中精力在学习上了，整天浑浑噩噩终于熬到了高一结束的暑假。

我们更希望看到一个活泼快乐健康的你

刚一放假回到家里，父母就发现了我的异常，我不再是以前家里的开心果，时常紧锁眉头唉声叹气，不愿意出门走走，也不愿意和人交流。他们终于忍不住找我聊天了，在他们的引导下，我终于说出了自己的困扰，我害怕自己一事无成，害怕怎么努力也得不到回报，害怕他们的期望最后落空了……老爸老妈语重心长地说出了他们内心深处的想法，"作为父母，最希望的就是自己孩子身心健康、快乐成长，这才是我们最初的愿望，如果你能在这基础上努力实现你的梦想，那么我们也会为你感到自豪和骄傲。但如果二者只能选其一，我们更希望看到一个活泼快乐健康的你，而不是被压力压得喘不过气，整天郁郁寡欢的你"。听了父母的话，我很感动也瞬间轻松了很多，但依然不能完全从中解脱出来。因为我对自己有着期待，我有着当时看似很遥远的梦想。有一天和爸爸单独散步的时候，他突然对我说："其实我希望你调整好心态，重拾信心开始奋斗，我一直相信你一定是有能力实现你的梦想的，去了省里的名校，压力和挫折都是在所难免的，但谁不说是有压力才有动力，不要害怕挫折，'困难像弹簧，你弱它就强'。"父母的开导和鼓励成为那个假期最珍贵的礼物，也许正如丘吉尔说的"请记住永远永远不要放弃你自己"，在那时候我唯一的想法就是不想放弃，现在我的成绩和状态都已经够差了，退步的空间不大，而进步的可能性很大，也许只要找对方法，也许只要比别人在假期多努力一点点，下学期就能见证全新的我。说到做到，在假期还剩不到一个月的时候，我找出了高一的课本、学习资料书、参考书、习题本、试卷等，重新将知识巩固一遍，特别是基础没打好的地方。我开始和我的书桌、台灯为伴，虽然有时候还是会被负能量缠绕，但正能量总能使我重新专注于学习，坚持把手边的事做好。

我有什么资格喊"辛苦"

在这里我必须提到一部励志动漫，整个高中作为我的精神支柱，直到现在依然是我一大部分正能量的来源，这部动漫的名字是《火影忍者》。我从小就喜欢看动漫，但没有到沉迷的程度，初三开始看《火影忍者》，最吸引我的是主角们在困难面前绝不畏缩，不到最后一刻绝不放弃的精神，很多时候我都看得热泪盈眶。高中偶尔觉得辛苦、觉得累的时候，就会想起这部动漫里的情节和主角们说过的话，告诉自己，我经历的事情跟那些主角们遇到的困难相比，简直不算事儿，我有什么资格喊"辛苦"，怎么能容许自己轻易放弃。就这样，我带着"火影忍者"给我的正能量和主角们一直努力，他们朝着他们的梦想，我朝着我的目标奋力奔跑着。我通过整个假期的努力复习，终于在高二第一学期的期中考试上有了很大进步，上升到班级第四。老实说这么大的进步，让我自己也惊呆了，总算是功夫不负有心人了。从那以后，学习成绩几乎没有过很大波动。

高中越往后阶段，学习生活就越加紧张，体育课被占用进行各科的考试，最后几个月基本每天都有小考，每个月有月考，还有全校大规模的3次模拟考。老师、学生和家长都被调动起来，学生按部就班地学习，几乎没有时间用来紧张，最忙的要数老师和家长，老师想尽办法让学生得到更多提高，家长既操心学习状况又担心高考生的身体。俗话说得好，越往后走越拼的是高考生的身体和心理素质。高考前一个学期，我和另一个同学一起在学校附近租了房子，两家家长轮流在给我们做饭和打理家务。父母希望我身心健康，我也希望我能健康地度过整个高中，所以我在高考前的一个学期，每天晚自习过后都会去学校操场慢跑800米，既是锻炼身体，又可以算是学习之余的放松，运动是舒缓紧张情绪和压力的最好方式。临考试的最后一个月，我和室友喜欢一起看一部搞笑情景剧叫"搞笑一家人"，每天晚饭时间就成为笑声蔓延的时光。可能适合每个人的放松方式不同，但能起到的作用是一致的，不能沉溺于放松，凡事有张有弛的度要掌握好，放松过后要全身心集中精力投入到下一轮学习中。

你满意这样的结果吗

能进北大的我，一直忘不了我高中同班同学兼室友兼最好的朋友对我的提醒。高三时，学校有各个著名大学自主招生的推荐名额，我最想得到的当然是去北大的名额，全校只有两个北大名额，竞争很大。最后综合因素评价下来，我与北大的名额失之交臂，但得到了复旦大学自主招生的名额，当时我想复旦也不错了，虽然不是我最初的梦想。正准备上交申请表格时，我最好的朋友对我说："你满意这样的结果吗？难道你不是最想要去北大吗？我的想法就是，自主招生要么去自己最想要的学校，要么就不参加。"她的那几句简单朴实的话语，在我心里造成了轩然大波。我开始考虑这件事，如果真的不是自己最想要的，为什么一定要花很大的力气去努力争取呢？后来我放弃了复旦大学自主招生的名额，父母都很担心，但最后还是尊重了我的选择。幸运的是，我凭借大胆的放弃，通过高考顺利考入了北大，一直很感谢好朋友对我的提醒，让我选择坚持最初的梦想。现在我和她两人都在北大，这段友谊弥足珍贵，是一辈子的宝藏。

放松紧绷神经的万能钥匙

高中三年对每个人来说都是身体、心理、情商和智商的综合考试，绝对不是只管学就行了的。学习方法和策略与初中时期的大同小异，无非多练习、重理解。大多数人亟待提高的是心理素质水平，运动和与人交流永远都是放松紧绷神经的万能钥匙。某次临近高考的年级模拟考，我对自己的成绩很不满意，心情极度低落，当天晚上我找到妈妈和她交流，说出我心中的不快，还用哭的方式发泄了一通，这样释放出了压力，心里轻松了很多。高考前一天晚上，由于紧张和兴奋，在床上躺了两三个小时也睡不着，我越睡不着就越着急，最后只能起床喝牛奶放松心情，最后才总算安然入睡了，并且第二天高考时的精神没有受到影响。其实后来看到一个研究表明，人只要有三四个小时的有效睡眠就足已提供第二天高度的好精神，所以当考生在考试前一晚睡不着时，千万不要太着急，放松精神、舒缓情绪才能慢慢进入睡眠状态。

当然考试前的几个月就应该有意识地培养规律的作息习惯，在考前一天以平常心对待，就能随着作息按时入睡。考试当天，我记得在入考场前一直在和同学闲聊，进入考场之后观察了一下考场环境、伸伸懒腰、哼哼歌或处于放空状态，把紧张感放在可控范围内，因为适当的紧张感有利于考试的发挥。调整好身体和心理状态奋力一搏，最后结果就顺其自然吧，"尽人事，听天命"。

独具特色的"一塔湖图"

漫步在未名湖边，看着四季更迭，心中浮现出丝丝感动，我很庆幸自己在过去的十多年里，从不放弃梦想，才能最后在如此美好的环境中学习和生活。

大学的生活比以前丰富了很多，但老实说这个象牙塔并不是一个纯玩乐的地方，北大几乎所有同学依然以学习为重，同时还能兼顾在各种学生机构和社团里风生水起。

很多人说，随着年龄的增长，人的梦想会被消磨得越来越小，追求越来越低。我不同意这种看法。因为在北大学习了这么几年，我发现只是随着年龄的增长，见识大大拓宽，人生观渐渐饱满起来，这时的我们梦想会变得更具体，而不是像以前一样只凭自己的喜好，我们能意识到自己适合做哪些事，在什么样的位置能使自己的价值得到最大的体现，给社会提供最多的贡献。这不是追求低了，而是我们愿意放低自己，抬高整个社会。

我现在的梦想是以后能在环境 NGO 部门工作，将我的专业知识用于对地表环境的研究中，为追求美好的环境作出力所能及的贡献。

北大是一个兼容并包、海纳百川的大学，在此我们能聆听大师的教诲、分享世界各界牛人的讲座、参加丰富多彩的活动、展示自身全面的魅力。博雅塔下，未名湖边，有安静阅读的人，有吹笛弹琴的人，有翩翩起舞的人，也有谈情说爱的人……独具特色的"一塔湖图"养育着一代又一代的北大学子，同时也向依然在奋战的大家敞开热情的怀抱。我有个很好的大学朋友说过，一个人把梦的细节想得越清晰越明确，这个梦实现的可能性就越大，所以"Dream high and nothing is impossible"。

专家点评

　　学习是求学者积极主动的自我需要,除此之外,别无他法。这在周杏雨同学的故事中,尤为明显。幼年时对学习的懵懂无知,初中阶段的突然开窍、努力学习,这在很多同学身上,都是规律。周杏雨同学看到了家人的不易,尤其是"外婆披着外套佝偻着背"的画面刺激,发奋图强。在校的各位同学,你们的灵魂开窍是在何时?学习得法,法是什么?周杏雨同学的建议是,"时钟调早5~10分钟",认真听课、课后复习,"小纸条抄上十多个英文单词或古诗","回家路上玩接龙背书"等,只要你想做,没有不成功的道理。

苏蔓 / 清华大学经济管理学院

所获荣誉： 2次学业优秀单项奖学金，1次清华校友奖学金

毕业学校： 包头市第九中学

高考成绩： 720分（省理科状元）

最喜爱的三本书：《谁动了我的奶酪》《基督山伯爵》《悲惨世界》

最崇拜的人： 毛泽东

父母职业： 父亲教师　母亲工人

座右铭： 天道酬勤

一句话形容清华： 于优秀的人一道，遇见更棒的自己

对自己应该完成的事负责

我的家庭是一个和睦的小家，爸爸妈妈有什么事情总能互相商量，并且不把我当成一个涉世未深的小朋友，而是喜欢征求我的意见，把我当成家里不可或缺的一分子，让我有着深深的存在感和主人翁感。可以说由于这个原因，从我很小的时候起，我就学会了对于家庭、对于自己、对自己应该完成的事，负起责任。一切目标的实现，都离不开我亲自制定的计划、付诸的实践，当然，爸爸妈妈在当中的帮助和引导无疑也有着十分重要的意义。

幼年：班上年级最小的小朋友

回顾我的幼年时期，由于家里爸爸和妈妈的工作很忙，我在一岁半的时候就被送到了托儿所，那是一家爸爸单位的职工托儿所，因此有很多童年的小伙伴一同成长。托儿所里看管孩子们的一个小于阿姨给我的印象很深。

其实小时候我的性格比较倔强，特别是刚去托儿所的时候。由于是班上年级最小的小朋友，我常常因为妈妈送我去之后没能像其他孩子的家长一样陪伴我而哭闹。但妈妈的教育方法很有效，她为了帮助我养成上托儿所的习惯，即使工作并不忙、心里很希望陪伴我一段时间，也会忍着心痛把我留在班上，并且托付小于阿姨不要管理太多我的个人事宜，能够让我自己解决的问题就不要大人帮忙。小于阿姨因此对于我的事情插手就没有在其他孩子身上那么勤快，但其实心里对我的关心并没有减少。

我还是自己爬了起来

听妈妈说，一次，我在班上活动的时候摔倒了，阿姨本能地想去扶我，但想起妈妈的叮嘱，就任凭我在地上哭泣，也没有去搀扶我，而是鼓励我说，你是好孩子，就应该自己努力爬起来，于是经过了一番挣扎，我还是自己爬了起来。

据说从今往后，我再也没有需要阿姨扶我起来或者向大人无理取闹地撒过娇。其实在后来和妈妈爸爸的交流当中我得知，他们对于当时自己的做法也有一点点的心疼，毕竟对那么小的孩子来说，爸爸妈妈的娇惯也是一个必需品，但今天想来，对于一个小孩子的独立性格的养成，父母有时真的需要必要的"狠心"。

写到这里，我忽然想起自己曾经听过一个说法，是说妈妈的教育方式。

如果母亲在孩子小的时候严苛要求，那么在长大的时候就可以稍微放松要求，给孩子更多的自由空间，帮助孩子更加独立自主地成长，母子关系也会更加温和；而相反，如果妈妈在孩子小时候放纵娇惯，在他稍大的时候管理就更加困难，越发严苛、效果反而越不好。因而，我很感谢我的爸爸妈妈给我创造的是前一种生活环境。另外回顾我幼年时期的一些小伙伴，我感到大家生活习惯、独立意识的养成和父母陪伴的关系十分密切。

父母是不能够替代的

我有一个关系很要好的朋友，她的爸妈因为在外地工作，家里只有年迈的爷爷奶奶照看她，爷爷奶奶虽然对孩子的感情并不比父母少，但管教方式就要更加松懈，溺爱的成分很大。我认为，对幼年子女的教育，爱是最重要、不可或缺的成分，但并不应该是唯一的东西。

父母要真心用爱呵护孩子，让孩子切身感觉到自己有父母的爱陪伴；但同时爸爸妈妈也要用智慧提醒孩子，自己的事情要自己来完成，自己做过的事情和说过的话要自己负责任，父母是不能够替代的。

小学：一直有着十足的自信

说过了幼年时期，接着我就升入小学，开始了我的九年义务教育之旅。我所在的小学是妈妈单位的一所子弟小学，在当地由于与区政府相隔较远，排名也一般，但许多老师的口碑一直不错，这也是我们小圈子当中对学校引以为豪的地方；在入学时候，我就有幸进入了一个老师配备很好的班级，我们班在二年级时也被私下称作是学校的龙头班级。可以说我在上学时由于年级比其他同学稍大，许多知识了解比较多，也更加懂事，因此学习起来阻力要小很多，成绩自然也是相当不错。

一定要抓住课堂上的时间

我认为，在一二年级时自己超越其他同学的最主要方面，就是学习比较主动，能够把学习完完全全当成自己的事情来负责，在课堂上的发言也比较踊跃，不会为了发言而发言，而是做到言心中所想，提出真正希望得到答案的问题，这是我至今仍然坚持的学习态度。加上当时我还学习了电子琴，在学校的文艺界也是风云人物之一，性格也相对更加外向活泼，与老师同学的沟通都比较多，在班上也是班干部，做了小头头。

这里我想要澄清的一点是，虽然我的爸爸是教师，知识水平对于中小学阶段的孩子来说应该是远远超过的，但我印象当中爸爸却没有对我进行过知识上的辅导。我从小被灌输的教育理念就是，一定要抓住课堂上的时间，认真跟着老师的思路走，如果课下有不明白的问题，也要向老师提出，不要带着问题企图回家再解决。

我的家庭毕竟算作是书香门第，妈妈也是读书出身，对于我的教育很看重，也经常带我去逛各式各样的书店，陪我看有助于心智成长的书籍，我的小学阶段看过的许多大部头的西方文学名著，也都是得益于妈妈的推荐。说到对小学时学习的具体印象，我觉得小学就是一个需要认真打基础的阶段，目标不应该是成绩，或者说，不应该仅仅局限在看成绩。毕竟，100分不能代表学习中没有盲点。而我们的目标，应该是把课本上和老师讲过的所有知识熟记在心、灵活应用，尽可能消化每一寸地盘。只有这样，才能在初中接触更多更深入知识的时候不因为基础薄弱而有所偏颇。虽然许多学科在小学时的知识都比较浅显，但要知道，基础是十分重要的，我们不能因为简单，就认为小学的知识是可以缺少的。至少，在小学阶段，能够明确，学习是为了自己，一切的成功和失败的结果都应该同学自己来负起责任，这样的学习态度才是正确的，也唯有这样的态度，才可能造就一个完全独立自主、积极上进的学习习惯。而我，我想就是这个阶段的一个典型的代表了。

学习是自己的事

晚上放学以后，时间往往是很充裕，我的作业一般在放学后一个小时之内就能完成，回到家也不会有太多的负担，父母不会强迫我在完成作业之后还要去学习，当然如果我自己认为确实有没有弄清楚的问题，想要和爸妈探讨，他们也绝对尽力配合。对于学习，我没有过抵触和厌烦情绪，始终抱定一个信念，学习是自己的事，爸爸妈妈可以帮忙，但终究还是要自己认真努力。我认为自己的家庭不是一个絮絮叨叨，一直在灌输大道理的家庭，但我好像从小时候就对一些事情形成了自己的看法，在小学阶段，世界观和价值观算是基本成型的，对于是非善恶，也有着很强的判断力，这在很大程度上也是取决于思想品德课的讲授。

这次可以去买袖标了

谈到这里，我想讲一个关于我和妈妈的故事。那是在我上四年级的时候，我当上了学校的少先队中队长，这是十分引以为傲的事情。根据学校的要求，我们每天上下学都要带着红领巾和中队长的袖标进出校园，而不巧的是，我的袖标却因为风大而弄丢了。我十分着急，就和妈妈申请了买一个新的袖标。当时，我的早饭和零食都是妈妈准备好带给我的，一般不会有太多零用钱，妈妈就按照价格，给了我一元钱去买袖标。但很奇怪，我阴差阳错就把这一块钱弄丢了，回到家去和妈妈说后，妈妈没有直接多给我一块钱，而是说，你回去和老师说，我妈妈说，不想帮我买袖标，如果需要的话，让班主任老师和妈妈说。其实当时我觉得很没有面子,不想去和老师说,也不能理解一向通明事理的妈妈为什么要这样刁难我。但就在那个周末,我还没有鼓起勇气去和班主任老师说以前,妈妈在帮我洗书包时,就在书包里发现了我卷好的一块钱,这时妈妈就把钱给我,说这次可以去买袖标了。这件小事,后来妈妈和我解释,其实是害怕我养成骗人的习惯,故意不给我另外的钱,而是提醒我,其实骗人或者说只是丢东西的后果是需要自己承担的。在得知妈妈的良苦用心之后,我对于妈妈的敬佩感和感激又增加了很多。与一个小朋友沟通,用大人的智慧以虚实相合告诉她真理,是一件很需要智慧的事。

我的小学阶段就是在这样与父母不断学习,在学校中名列前茅的过程中平稳过渡的,其中也不乏有学校中临时换老师,不适应新的教学方法,需要进行自我调整的小变化,但总体上,我认为自己的适应能力还算比较好,加上一直有着十足的自信,微小的调整和意外的变化对我都没有造成过实质性的影响。记得三年级以前,老师们担心课业负担的加重,一些同学不能适应,落下课程,因此提醒大家说,三年级是一个分水岭,要加强注意,如果落下,以后会很难跟上。但说到底,踏实勤勉、奋发图强的我还是没有感觉到明显的压力,一切都在水到渠成中功到自然成了。

初中:与小学有根本的不同

接着我就升入了初中,由于小学时的学校是子弟学校,其中,还包括了初高中,因此,我也就很自然地进入了本校的初中部。

当时,对于入学成绩还没有分数线要求,我记得自己小升初的成绩是数学 100,语文 96,英语 100。但在这所学校其实只学习了不到一个学期,我就转学到了东河区的重点初中,包头市第二中学。

小小的一道题目

说起转学的原因,是和一次数学作业有关。这里,我就讲讲这次作业引起的转学吧。当时我们在学应用题,讲的是有名的追击问题。那段时间,由于知识的跨越很大,许多同学感到不太容易理解,老师也因此留了比较多的作业帮大家掌握。我们的作业都是来自课本,其中分为A组和B组题目,B组属于普通难度之上的拔高题,老师不做硬性要求,但我由于强迫症,或者说即使不写在作业里,也一定会把题目自己做一遍,索性就写成了作业上交了。

经过了几个星期作业满分的经历和老师课堂上公开的褒扬之后,我对于追击问题有了一定的信心,认为自己对一般的题目都能够归纳类别,考试应该不会发怵了。但就在之后的一次数学作业中,我照例做了B组的题目,结果其中有一道题被判错,老师给的原因是解法不对,答案也和标准答案不符,做法有问题。我坚信自己的做法没有逻辑上的错误,结果不对很可能是形式不同,但和老师争辩之后仍然没能得到肯定,便拿回家里去和爸爸探讨。在与爸爸仔细的商讨之后,爸爸认为我的解法没有问题,只是和课本要求的思考方式不同,并经过爸爸亲自演算和变形之后,也证明我的答案与标准答案是一致的。就是因为这小小的一道题目,我的爸爸决定为我转学,到区里的重点初中接受更好的教育。

到今天,我仍然为爸爸给我办的这一次转学感到满心的感激。爸爸妈妈的工作都在我原来的学校附近,我们在东河区没有房子,家里也没有车,要爸爸妈妈或者我跑车,都是一件很困难的事情。而他们为了让我能够专心学习,不用在路上耽搁太多时间,最终还是在初二就帮我在东河区学校附近,步行大约10分钟的地方租了一套房子,学区房的价格大家也知道,这对于我们这个普通家庭来说,是一笔不小的开支。

总是能吃到热气腾腾的饭菜

从此之后,我进入了一个由年级组长带领的班级继续学习,而爸爸妈妈则开始了4年的跑车生活。每天中午,我都会和小伙伴一起在学校附近的饭店或者快餐店吃饭,然后回到家里,井井有条地看英语节目,听广播,有时作业紧张也会写写作业,然后睡一个小时午觉,再走到学校上学。晚上,爸爸妈妈会从家里赶着回来给我做饭,每天晚上7点从学校里晚自习回家,总是能吃到刚出锅的、热气腾腾的饭菜,然后8点以前赶回学校,接着上夜自习。

初中,我真的感受到学习是需要用一些耐心和苦功的,这与小学是有根本的不同。记得刚上初中时爸爸就给我打预防针说,上初中的孩子放学之后的任务不仅仅是完成作业,而是要温习一天学过的知识,再做一些课外的题目巩固知识点。当时,我还天真地问爸爸,是不是所有孩子都要回家后上自习,爸爸回答说是的,像你这样的好学生更应该上自习。

尽自己的能力去学好

不论课程难易,是否无聊,我都用尽自己的能力去学好,记得我们初中的历史老师由于家里事情比较多,有段时间不怎么到班上上课,我们的历史课就一直当作自习课来上,但我还是坚持让自己在历史课的时间不做其他功课,而是专心看历史课本,做习题,争取不要落下课程。我的付出得到了一次又一次的肯定和回报,我在每一次突击或者提前告知式的大小考试中成绩从没有因为历史、地理等所谓的"副科"拉过分数。"副科"老师从没因我主课成绩好而轻视他们的课程，近而苦恼或与班主任诉过苦。这是我人格上的骄傲，也是我认为一个学生应该做好的本职工作。既然这些科目学校都有安排，就自然有需要学习的道理。不论学校是否足够重视，老师是否能够尽职尽责为同学们带好课，我们都不能放松对自己的要求，更何况中考中这些科目无一例外都要占到一定比例，我们就更加没有理由为了自己的一时兴趣和情绪，忽视任何一门课程的学习了。

说到主课，我反倒不能保证说自己一直都是十足用心，没有过半点松懈和落后。记得那时初三之前，我的班主任老师提醒我说，初三要加强物理和化学的学习，这对于同学们来说是一大考验，老师特别担心我对物理感觉不好，落下学习成绩。理由是，很多女生不喜欢物理的学习内容，更偏向记忆性质的课程。我一向对班主任的话十分看重，认为老师一切的付出都是为了学生，我便从那时起就加强了对物理的重视。初三之前，我主动向家里提出，要补补物理的新课程，这是我除了在校外学习新概念英语外，第一次名义上的"补课"。爸爸妈妈十分尊重我的意见，没有任何犹豫，答应了我的请求。为我们补课的，正是初三要接我们班级物理课的张老师，市级教学名师，曾经出过几年中考物理题目，对于教学动向、难点、易错点都有很多经验。我只参加了十几次的课程，但对物理的入门有了许多把握，这也为我后来在物理方面的成绩打下了坚实的基础。

初中，我的学习当中最经历过起伏的其实不是物理，而是化学。可能是因为我对于记忆性的东西兴趣较差，加上我们班上的化学老师在外面开补课班，而我没有参加。很多重要的规律，老师在班上的课堂中涉及不够，使得我本来就薄弱的课程，更加捉襟见肘。现在想想，当时由于自己性格比较倔强，不希望这件事影响到自己的成绩和父母的心情，我没有和爸妈仔细讲心里的想法，一味想着多买一些教学参考书，就能弥补化学的瘸腿了。现在看来，自己的能力毕竟有限，参考书上的很多内容也不一定能够对症下药，如果当时能够和化学老师多一些交流和沟通，或者参加一段时间老师的补课班，可能效果会好一些，至少能够少走一些弯路。

一直是一个标准的乖乖女

另外一个很有趣的故事，在这里，当作插曲和大家分享，是关于感情的。小学起，我自己就一直留着短头发，到初中刚入学时，头发稍稍长长。学校的教导主任教育说女生留短发就好了，不要留太长头发，会分心、影响学习，因此，也就再也没动过留头发的念头。这么多年男孩子一样风风火火，对于青春期的感情从来没有过太过幻想，也不了解男女生有交集是什么感觉。但在初三学校的运动会上，我记得是在参加完 4×4 接力夺冠之后，我们四个人拥抱着庆祝胜利。这时我们班里的一位一直默默无闻，成绩也很平常的男生走过来，递给了我一杯热水。当时没有多想，接着就喝，还和身边的女生们分享着一饮而尽了。当天活动结束以后，我和我最好的闺蜜一起回家，路上，这位男生出现了，手里拿着一块巧克力，要送给我。我当时很困惑，不知道他为什么要送我好吃的东西，所以就没有收下，说家里有，你自己留着吃吧。回家的路上，闺蜜提醒我，他可能对你有不一样的看法，想要讨好你，我这才明白，并且把一天发生的事串联起来回想，似乎有了一点头绪。

但我一直是一个标准的乖乖女，不应该早恋，是我的原则。所以我没有和任何人商量，就用街边的 IC 电话给班主任拨通了手机，说了当天碰到的事。老师说你不用担心，他也是一时起意，并不会伤害你，如果再碰到类似的事，你不要冲动，告诉老师就好了。我一一答应，就挂了电话。回到家里，也没有和爸妈说起这件事。知道后来在学校里，班主任王老师问我有没有和家里说的时候，我才唯唯诺诺地说告诉过家里。其实只是希望这些细小的事情不要打扰到家里的情绪，相信自己能够处理好，不会耽误学习。说来也巧，在那个学期的家长会上，王老师竟然拿着我的事情作为典型事例来和家长们分享，目的是希望家长能够告诉孩子们好好学习，碰到类似的事就要学习我这样的处理方法……当然，去参加家长会的妈妈也就顺理成章地听到了这个神奇的往事，这件她本来早应该听说的故事。回到家里妈妈免不了质问我究竟什么情况，为什么没有和她说过。我当时支支吾吾说不出原因，只是说这件事已经过去，没有那么严重，不用妈妈担心。直到今天也认为，自己的内心是比较强大的，不需要家里过多操心，我能够明白自己应该做的事是什么，应该如何把握感性和理性，我也能够分得清。

你这么丑的姑娘

最后，我还想说说我初中的班主任老师。王老师当时也担任年级组长，他教数学，对班上的每一位同学都能够做到十足的关心和耐心，并且每天放学后，即使时间还早，王老师不会直接回家休息，骑着摩托车跟随一些有可能溜出去上网，或者回家路上不安全的同学。这一点，作为班长，我一直都十分佩服和感动。当时，有很多同学和家长不理解、或者认为没有必要，但我想，经过这么多年，大家应该明白，老师的用心完全是为了同学的安全和健康成长，他是完完全全牺牲掉了自己的休息时间，拖着小儿麻痹的身体，在为大家服务的人。

我和王老师的关系一直是格外的好。毕业前，王老师可能是因为担心我受到其他事情的影响而分心、影响成绩，总是和我说，女生的外表不重要，你这么丑的姑娘，好好学习，就是全年级最漂亮的。我当时虽然感到老师说自己丑，有一些难过，不过想想也对，内在美总是十分重要的，也因此更加发奋读书。中考结束，我获得了非实验区的中考状元时，王老师才语重心长地和我说，你已经长大了，应该懂得，老师不觉得你丑，你一直在我们心中都是很漂亮、很懂事的。永远记得，你应该把精力放在你最应该努力的方向，不要为了一时的快乐，牺牲掉真正重要的事。直到今天，我马上就要本科毕业，王老师的话却仍然像一记强心针，能在我迷茫、困惑的时候点醒我，鼓励我鼓起勇气去扬帆远航！

初中是我的成长中我认为最最重要的一个时期，初中的学习为高中基本奠定了基调。有一个说法是，中考成绩，基本也就是高考成绩。虽然稍显绝对，但也不无道理。初中阶段各个学科的学习真的都应该格外重视，毕竟中考要涉及的知识，都是今后生活中能够用得到的常识性问题。即使高中打算读文科或者理科的同学，对另外的学科也不能掉以轻心。全面、没有瘸腿，是保持好成绩的一大法宝。

| 高中：一切都是在顺理成章的过程中得到

经历了温暖又忙碌的初中四年之后，我升入了魔鬼 3 年的高中。我的中考成绩是非实验区的第一名，因此选择了 20 公里之外的市重点高中：包头市第九中学。爸爸妈妈如从前一样，继续在学校的周边为我租了一套房子，他们跑车的距离因此又远了 20 公里。

一天来回 60 多公里的路程，不是一个简单的数字，特别是在我的家乡那样四季分明的地方，冬天要承受怎样的辛苦，可想而知。

高中三年，我的成绩基本在年级里都稳定在前三名。当然，其中也有一次意外的考试，还有生物带给过我一定的波折。这是一个比较有趣的故事，过后会与大家分享。入学之前，很多人说，九中是一个贵族学校，许多同学的爸爸妈妈都是市政府官员或者企业家，家里的背景都很好，因此，学校里会有一些比吃比穿的不正之风。虽然说老师总体的教育质量很好，但这样的风气如果不能禁得住诱惑，还是会吃苦不少的。

魔鬼班上只有两个女生

爸爸妈妈决定送我到九中的态度很坚决，毕竟教育质量是第一位的，并且我们家里能够达成共识的是，我能够对自己的行为负责，也能明确自己的首要任务是高考，一定不会受到不正之风的干扰。就这样，我如愿进入了九中的 18 班，4 个理科实验班之一。

高一刚迈入校园的时候，我们就看到了校门口挂着的红条幅，是祝贺一位学长获得物理竞赛省级第二名的喜讯，后来才知道，这位学长只比我们高一个年级，他是在与高一级同学的竞争当中脱颖而出的，从那时起就对他十分钦佩，后来，他也如愿考取了清华，在电子工程系读书。我从那时起就了解到，竞赛是高考加分的一大法宝，特别是像我这类数学和物理比较拿手的同学，能够凭借比较困难的数学和物理竞赛拿到高考加分，清华就能离我更近一步了。从高一开始，我就格外关注数学和物理的难题，并且在课外也会自己搜索一些往届的竞赛试题练练手。印象很深的是，我们的物理老师在学校承担起了为同学们补习物理竞赛的任务，每个周末都会带着大家做题和上课，在那个被同学们戏称为魔鬼的班上，只有两个女生，而我就是其中之一。

许多时候，当老师讲到一些理解或者运算很繁琐的地方时，一些平日很活跃的男生也会挠头表示困惑，而我们作为娘子军却总是坚持跟着老师的步伐，在下面快速、认真地演算，试图弄明白每一个步骤，每一个细节。这样的课程、这样的辛苦，持续了整整一年的时间，最终我终于在高三上学期得到了让我振奋的消息，我获得了物理竞赛省一等奖，能够拿到高考20分的加分了。当时我的激动溢于言表，我的物理老师还在呼和浩特的考场周围，就打电话告诉了我这个喜讯，而尚未从前一天实验考试的疲倦和旅途的劳顿中休息过来的我便第一时间奔向理综办公室，和我的班主任崔老师相互拥抱，告诉了她这个消息。

　　一方面是对我一年来辛苦努力的肯定，更加重要的是，我在准备物理的同时也在准备数学竞赛，由于物理竞赛在数学之前举行，这时我的压力很大，物理竞赛的加分首先获得，我就保证了高考20分的加分，数学就完完全全成为了一个需要征得的荣誉了。

在全班倒数 10 名之列

　　接着我想讲的就是上面提到的生物的"波折"，那是在我从北京参加清华的保送生面试回去之后，我其实已经基本知道了自己能够获得清华的保送资格了，心态轻松了很多，但回去猝不及防的就是一次月考。当时是10年元旦过后，生物正在进行二轮复习，许多综合题的加入，使我这个本来生物成绩就一般般的同学更加感到记忆困难，因此，这次月考我的生物就非常意外又非常自然地垫底了，100分的满分只考了74，在全班倒数10名之列。可以说虽然已经有保送在手，但这样的成绩仍然让人意外，生物老师之后就集中精力对我的学习情况进行了非常细致的分析，并且每天课外活动时间都会督促我做一些生物的综合题，有不懂的地方，我都会及时找老师或者成绩好的同学探讨，最终经过努力，虽然我"先天不足"的生物还是没能达到班里顶尖的水平,但至少高考距离满分只差一分的分数,帮助我不会因为生物拉分。我十分感谢我的生物老师。

高中总体的学习反倒没有初中那么大跨度,我的进步或者说是保持,一切都是在顺理成章的过程中得到,即使是高考,也因为已经获得的保送资格而显得更加轻松痛快,我想这也是我能够正常发挥水平,获得状元的一大原因。许多同学高考不能发挥出自己平时考试的水平,一些平日里能够解决的问题,在高考中由于紧张、运算出错等小失误,会造成比较大的损失,这是非常需要关注的方面。虽然说保送的经历很少有人会有,但我想如果能在高考之前的几天休息中好好调整状态,不要再接触太多难题,而是专注于自己曾经犯过错的题目,效果会好很多。经过高中三年的历练,我个人总结,高中最重要的是要保持好小学和初中培养的学习习惯,在难点掌握的情况下注意不要忽视细节。高中生由于年龄的增长和世面的接触,难免会受到更多的诱惑,但只要保持内心的笃定,认真地做好本职工作,完成好每一次作业、上好每一堂课,认真对待每一次考试和每一道错题,成功就不会离你远去。

在清华:一生都值得托付

现在,我在梦中的清华园,享受着全国最高等学府的良好教育,丰富的资源和广阔的人脉是令几年前初入校园的我不敢想象的。清华带给我的,既有知识面的全面提升,对于世界、人生观念的进一步巩固和纠正,也有伟大的科学精神,以及对祖国诚挚的热爱和为祖国健康工作 50 年的决心。我们作为清华的学生，一方面享受着全国人民通过纳税和国家全力支持之下的优等教育，另一方面也应该对祖国和民族现在的发展现状和将来需要解决的问题有更加清楚的认识，并且在学习中不断进行自我定位的调整，既不辜负家人的嘱托和自己的愿景，又尽可能靠近祖国和民族的需要，这样的大学学习才是真正有价值和值得推崇的，这样的人生，才是值得度过的。

虽然革命的时代已经过去，现在的和平年代，我们的生活不会受到存亡的考验，但国家和民族前进的脚步，却与过去一样，从不曾停止。而我们的目标，就是能够把自己汲取于这片土地的养分加倍地奉献出来，滋养祖国母亲的土壤。例如我现在所学的经济与金融专业，就是为国民经济的整体规划宏伟蓝图，并在实体经济的运转中以金融的视角评价体制和政策的优劣，运用金融的杠杆工具帮助国民经济进行发展和调整。从小处看，我们所做的，可能就是一个简单的报表制作、或审计工作，而从大处着眼，我们的工作则关乎整体经济中税收的规范性、国家宏观调控的准确性等大事。我们作为学生，首要的任务是掌握好专业内的知识和技能，其次，也不应该忘记，自己身处社会之中，要多关心国家的发展方向和政策导向，特别是与自己的专业相关的领域。能够在毕业之前对自己的专业和就业前景有一个明确的认识，将自己的兴趣与工作的领域进行较好的匹配，是一项重要的、不可以轻视的工作。

抓住眼前的机会和时光

如果身处清华北大等一流高等学府的同学们能真正意识到自己肩上的责任，在专业创新、为祖国风险力量方面与革命先烈一样，做到敢为人先，我们的国家前途一定会一片光明！当然，在中小学阶段的同学们,或许对于未来想要学习的专业领域还没有清晰的打算,那么仍然要记得,每分每秒,抓住眼前的机会和时光,就是一份贡献,就是个人层面的一种成功。当然,通过我上面许许多多个小例子可以看出,没有谁的生活会是一片坦途,大大小小的挫折都是生活的常客,但最重要的就是要保持昂扬的斗志、对困难要抱定必胜的决心,拥抱真善美,相信没有什么能够把勇敢的你们打倒!

在学习和生活中有困惑和烦恼的时候不要忘记,你的身边还是许许多多与你共同成长的好伙伴,有和你朝夕相处的爸爸妈妈,有为了你们倾力奉献的老师,所有人都可以成为你沟通和学习的宝贵资源,也是你们一生都值得托付的长辈和朋友。汲取经验,与师友昂首前行,你会发现,前方风光无限。美丽的清华园,欢迎有梦想的你!

幼儿、小学阶段是品格培养、习惯培养的重要时期,这在苏蔓同学的分享中,得到很好的证明。苏蔓父母在这个阶段,为其树立了自己的事自己做,坚强勇敢的优秀品质,对于她未来的成长,起到至关重要的作用,这一点,值得我们认真学习与借鉴。苏蔓同学还讲到了初高中的学习方法,对于处于这个阶段的同学来讲,值得好好领会,并转化为自己的优秀学习方法和习惯。"完成好每一次作业、上好每一堂课,认真对待每一次考试和每一道错题,成功就不会离你远去",与同学们共勉。

王慧 / 北京大学国际关系学院

毕业学校： 湖北省武穴一中

高考成绩： 644 分

最喜爱的三本书： 《老人与海》《巴黎圣母院》《百年孤独》

最崇拜的人物： 周恩来

父母职业： 经商

座右铭： 浪费时间就是浪费生命

一句话形容北大： 兼容并包，民主自由

闭上眼睛展现不一样的世界

| 背着算盘自豪地上学

从一个幼年大部分时光在鄂赣交界地带度过的小女生，到进入北大学习，与世界知名人士的距离更进了一步，不断尝试新的事物的 20 岁可以独当一面的大女孩，我觉得一切都好比一场梦，如此快的消失在岁月中。回顾我已经走过的道路，我觉得其中不论哪一步的改变都会变成与今天完全不同的我。

性格决定命运，我觉得这句话十分合理，倔强但又好变的我无疑是一个矛盾的综合体，但是周边一切以读书为上的风气和家里人对成绩的严格要求一直督促着我认真学习。武穴市是黄冈市下面的一个小县市，珠算心算在湖北比较有名，小时候我也会背着算盘自豪的去上学，认为被选进珠算班是个十分光荣的事情。

由于父母在武汉做生意，无暇照顾我，所以我就被留在武穴由爷爷奶奶照看，爷爷和姥爷曾经都在老家的学校里当过校长，叔叔舅舅中也不乏从事教育工作的，所以从小我就被严格要求学习，家里人对我一直有明确要求：学习好了，才可以提出要求，而且要求不合理也可以被驳回，而且一码事归一码事，所以我总是会努力的学习，因此也可以满足自己的一点小小愿望。

父母也并非对我放手不管，他们比较重视我的心理健康，总是会回来看我，并保持每周至少三次的通话，教我如何做人处事和树立目标。小学时候因为比较喜欢看动画片，总是会很马虎的尽快完成作业，为了可以看动画城我甚至还会不吃饭，每次发作业就会被老师批评过于马虎，父母也为此回来陪我学习了两个星期，帮我合理规划学习时间和娱乐时间。

父母帮我塑造坚毅的性格，爷爷和叔叔们教会了我如何正确学习和自发确立学习规划。稳步的学习和坚强的性格使我在人生的一次大失败之后又站了起来，最终进入了我最疯狂的梦中都没有出现过的地方：北京大学。

也许有人认为，进入北大这所百年老校的学生都是各地的顶尖人才，都从小在学校里是老师的宠儿、好学校的活招牌，我无疑是一个特殊体，我是学校里不太活跃的人物，顶多在班里学习中上等，只是在高中阶段才在校的排名靠前，而这种改变也是我不断努力的成果，所以我一直坚持任何事情都不要说自己不行、不可能完成，只要勇于去做，任何人都可以由平凡走向不凡！

幼年：只需在玩耍和哭闹中慢慢成长

在前面我提到了自己是爷爷奶奶带大的，我应该就是一个隔代教育的接受者，但是我的成长还是有一大部分是父母的陪伴，对于现在的人对隔代教育批评较大的社会现实，我有部分肯定，但我也不会否定。

如果没有所谓的隔代教育，也许父母就不能安心做生意，我也不能在安稳舒适的环境中成长。在进入大学以前，父母可谓是为我顶起了一片晴朗的天空，我从来都没有为学习之外的事情操过一份心。

由于妈妈身体较弱，1993年我不足月就在武汉出生了，等我较大一点的时候就被送到鄂赣边界的大别山伸展地带的一个山村。小时候，村子里的人还是比较多的，有许多的小朋友，大哥哥和大姐姐们也会很热心的带我们这些小鬼玩。我们在山林里穿梭，爬树、玩水、捉兔子……童年应该比鲁迅的《从百草园到三味书屋》里所描绘更为精彩有趣吧！

那时候跑的比奶奶快

乡下的老人们会比较讲究面子。由于和邻居家的比我小一岁的妹妹争吵不休，奶奶从菜园子里摘完菜回来，看到我和她争吵，认为我是在欺负小女生，不懂事，呵斥我放手，并用柳条做势要打我，我当时很犟，也不说明情况，反而动起手来，将小妹妹给推倒在地。奶奶很生气，认为我不听话，而且让过路的人都看笑话，所以就追着打我。

我那时候跑的比奶奶快，所以跑到田里，找正在干农活的爷爷躲难，爷爷看到奶奶在后面追，明白我又闯祸了，也不护着我，将我领到家里，开始了站墙角的惩罚。我低着头，爷爷在背后一句句追问，仔仔细细的分析我的行为和当时想法，让我自己来叙述这件事如何避免，发生后又该如何去做。

这样的事情发生多次之后，我也就逐渐明白了，尽早地解决问题，比事情发生后逃避是有益的，逃避只会使事情变的更糟。

童年是人生中最美好的阶段

村子里的日子真的很美好，没有任何担忧，只需在玩耍和哭闹中慢慢成长。现在回想起自己的小时候，很多都已经变成了零散的碎片，较为清晰的也就是这么几个短短的片段了。

相比我小时候，现在的父母应该更重视孩子的教育。从胎教到优先班教育，以及各种形式的培训班，父母都没有任何犹豫地给孩子们好的学习条件，努力让自家孩子不输在起跑线上。进入北大后，许多同学都有多种技艺在身，在社团和各种活动中都能参与其中，我十分羡慕，但是我后来转念一想，每个人都是独立的个体，成长的条件只是一个补充，特长终究是个人爱好。我那时也许也不会喜欢去学特长，而且我现在也一直受益于童年的美好时光，相信我老了之后也会更加的珍惜我的童年。但是我个人目前还是比较认同在孩子小时候就让他或她找到自己喜欢的事物，培养除学习之外的兴趣，让孩子可以全面发展，性格更加健全，而且对孩子的未来都会是一笔不可忽视的财富。有句俗话说：三岁看终身。我虽然不是说三岁的孩童就要十分老成或理智，只是想要说明在孩子的小时候就要让孩子最基本的学会明确是非，有一定的条理，知道简单的行事规范，毕竟童年是人生中最美好的阶段，在享受童年的时候也为人生藏下美丽的珍珠。

小学：阳台可以看到两个学校的大门

在山里玩耍了 5 年的时光。期间，我也在谷里的小精英幼儿园呆过一年。那时候进幼儿园纯粹是因为年龄太小，小学不给报名，家里人认为再和其他小孩玩下去，再上学了就不好静下心来，所以就选择将我先送到幼儿园里去学习一年。

幼儿园负责老师是初中毕业的姐姐。家里人在村大队里工作，担任老师就是为她找一个出路。老师们都是女生，年龄不大，特别的温柔，总是会教我们做一些好玩的东西，做对了习题，老师还会为你别上一朵小红花。我每天都要拿到小红花，不然就会很不开心，觉得这一天不好，明天要表现的更好。那时候，别人问我最喜欢谁，我的回答毫不犹豫是幼儿园老师。为此，现在家里人还为这个嘲弄我。

总幻想考试前生病

等到入学的年龄，为了我可以接受更好的教育，父母在武穴市街上买了一套商品房，以解决我户籍的问题。小学是一所公立的小学，我读小学的时候，武穴市的小学数量是史上最多的年代。那个时候，小学是按照户籍所在区划分的，小学到我家，直线距离也就200米远。所以，在学校发生什么事情，都能第一时间被家里人知道。爷爷和学校老师之间有一定联系，据说我三年级的数学老师还曾是爷爷的学生。因此，我那时候可真是受到老师的太多关注，以至于我有点叛逆，数学课也不好好上，做题也较为马虎，总是掉小数点或者多写一个零，总是会被老师教训，爷爷也会在我回家之后，对我进行再教育。

小学考试只考语文和数学。其他的科目，如科学、手工、音乐、体育只是开课，但不考试。那时候，我非常讨厌考试，认为考试完全是让老师来区分学生，考差的话，还会影响我寒暑假的行程。所以，每次考试我都是矛盾的心理，一方面认为考好了就可以提要求，可以更好的利用假期，另一方面又认为我平时总是三分热血，学习不踏实，考试完全是在暴露我的毛病。所以，总幻想考试前生病,这样就可以不用考试,但事实上这种情况从来就没有发生过。总的来说,小学的时候是那种让老师觉得很调皮的女生,总是那一科你盯紧点马上就可以考的很好,那么另一科就马上成为拐子脚。爷爷原来教书的时候比较全能,语文数学俄语都教过课,所以我小学基本上就是在爷爷的辅导下完成的。

考不上前两所中学就去学裁缝

一到三年级我基本上就是在玩闹中度过。对学习和成绩没放多大心思,只是认为大家都上学,我肯定也是要上学的,没有关于上学到底是为什么的具体想法。四年级之后,尤其是五年级,小升初在我读书的时候也是比较严格的,完全依靠成绩来决定你所进的中学。武穴市的公立初中只有3所,分别被私下命名为"贵族初中及黄高预备"和"中间力量"以及"红旗飘飘"。如果没进入这些学校,那么就意味着家里人要为你择校或者选择技校。九年义务教育政策在我离开初中的时候才开始实行,所以我五六年级的时候就在家里人的"考不上前两所中学就去学裁缝"的话给吓唬了,其实我这个人看起来十分的开朗乐天,内心还是比较在乎他人对我的看法,一旦想到周围认识的人都会背着书包进入初中,而我却要去学裁缝,觉得这会比打骂我要难受万分。所以五年级的时候我就如打鸡血似的,很认真的完成作业,数学成绩也明显提高,还被老师推荐去参加了市里的奥林匹克竞赛班培训,后来因为实在是不太适应培训班的进程以及自己要参加其他活动就在初赛不久后就退出了,小学毕业本来是很有信心可以通过一中的考核的,结果那一年市里出台新的教育政策,初中一律按照户籍所在区划分学校,所以我就进入了二中,在小学的西面200米,我家阳台可以看到两个学校的大门,所以只是上学多走了几步而已。

五年级和六年级的老师队伍没有发生任何变化，而且那时候也逐渐懂事了，所以这一时期记事还是比较清晰的，语文老师姓严，是黄冈师范学院刚毕业的女学生，十分有干劲，总是会声形并茂的为我们这些孩子展示书中的情节，有时候还会用几节课来排莎士比亚的话剧，数学老师年龄较大，经验丰富，责任心特强，每次都会直接和你分析你的错误，并且再次出题，让你不会再犯同样的错误。我的数学的认真态度也是在这段时间内确定的，这为我中学时期的优秀的数学成绩打下了基础。

可以在武汉三镇到处跑

这一时期，我的学习目的性不是特别的强，这也许和我所成长的时代有关，但是长大之后接触到邻里的孩子们，我越来越意识到小学时期养成良好的学习习惯的必要性，按时完成作业也就是按时完成被安排的事情，这是人的一生中始终经历的事情，准时完成是一项最基本的处事要求。

我那时候也上思想品德课，老师总会说小朋友们也要如此做，这样做才是符合社会和中国传统文化的要求，童歌、童谣也在教会我们一些基本的美德，帮助他人、拾金不昧、勤俭节约等现在还是在不知不觉的影响着我的生活和行为方式。

寒暑假的时候我就会回武汉，妈妈要照看弟弟，爸爸就会负责带我出去玩，老爸不会直接带我出去玩，他总会给我地图，让我自己看，不懂的查新华字典，还要带他去那个地方，路线什么的还要自己问人，所以养成了我敢于和陌生人打交道的能力，方向感也一直帮助我很多，徒步旅游什么的我都不会因为迷路而惊慌失措，当时如此小的我都可以在武汉三镇到处跑，现在的我还要担心什么呢？妈妈也会教我做一些简单的家务，洗菜、炒小菜之类的事情在小学毕业的时候我已经可以说是完成的很出色了。

父母教会了我许多看似简单但生活中又不可忽视的东西,让我受益终生。

初中:一下子成为了年级里的名人

初中直接分配到了二中,二中处于中学当中的中等水平,因为碰巧我进入中学的时候二中换了一个新校长,新校长刚上任十分有魄力,力争在任期间将二中变为武穴市第一中学,所以进行了一系列的改革措施,从黄冈引进了一支优秀教育队伍,组建小班教育,给予成绩优秀学生一系列优惠政策,我因为在小学毕业的时候就知道已经被分到二中了,所以也没太在意,就在很多同学去上"小升初"培训班的时候,我选择到武汉度假,期间去了黄山和上海,整个暑假基本上就是玩过来的,父母因为没多大经验,认为好不容易毕业了就在上学前让我好好享受一下,结果回武穴上初中的时候,第一次去二中,是在一个小雨中我们一大群人都在排号进行入学考试。

考试除了考数学和语文外,还考英语,天啊!我当时拿到考卷的第一感觉就是这样的,我接触英语还是五年级的时候,老师水平也不是太高,对学生也没有太多的要求,我基本上是只会一些简单的问答,单词语法什么的基本上就是全瞎子,所以两个小时的考试出来的时候,我基本上是哭着出来的,爸爸打着雨伞在操场上等我,我当时十分的伤心,爸爸说没关系,以后再努力,怪他没事先查消息所以我才会没做任何准备,还对我说我家宝贝在普通班还是可以比在小班的学生更优秀,只要我认真学习就一定会超过他们。

他一直只是温和的微笑

分班考试结果出来的那一天，我很早就去等老师来贴红榜，但我一直都不敢去找自己的名字，因为我当时认为名字越靠后越差，我不想知道自己到底有多差。小学的几个同学也来看榜了，有几个就在小班一班的红榜上，他们高兴的离开的时候也会问我，你分到哪个班了，我们以后会不会还是同班同学。我那时候觉得难以启齿，爸爸在我旁边，但他没有去找我的名字，也没有催我快点去找好回家休息，他晚上还要坐轮船回武汉，要好好休息，但他没有，只是站在我身边陪我。事后，我才知道爸爸那天让别的叔叔帮我看了分班结果，他知道我被分到了哪个班，但是他不想伤我自尊心，要我自己学会面对问题，不退缩。他只是在我旁边，让我安心的进行自我斗争。我现在还清楚的记得那时候爸爸的表情，他一直只是温和的微笑，不时轻拍着我有些僵硬的背，或是轻轻的抚摸着我的头，他只是在耐心的等我去接受这一个事实。最后，在大家都要去找教室的时候，我终于决定去看红榜。从第一张到第二十四张，我都耐心的查看，到第十四张和第十五章红榜的时候，我看到了自己的名字，当时有一个同名女孩，因为十四班有自己小学的同学，我选择了进十四班。

父母坚决让我去报名参加补课

初一一下子有六门课要考试，还有一些业余课，比如计算机、英语、实验等，觉得课程一下子重了很多，有点不适应。作业明显增多，让我一下子不能做许多自己喜欢的事情，动画片的时间和晚自习也冲突了，周六日老师还让我们去补课，说这是为考上一中的必要准备，为了高中能进一个好的学校。父母坚决让我去报名参加补课，还让当物理老师的叔叔给我提前补习理科知识。

虽然我现在学习的是文科，而且高中物理比较差是我选择文科的原因，但我还是比较喜欢理科的，至今很多方面觉得很有帮助。初一的排名应该不太高，只是因为数学是班主任带，教课也十分有趣，我总是会很认真的学习数学，还会去和其他数学成绩好的同学讨论一下奇怪的题。所以，初一的时候只记得数学比较优秀，但总分排名应该不是特高。

  初一的暑假我和往年一样，还是一放假就去武汉和爸爸妈妈在一起了，因为爷爷奶奶两人照顾不了我和弟弟。所以从小我和弟弟都是分隔在两地的，每隔几个月互换一个地方，但是我先入学，我就选择了在武穴读书。弟弟读书的时候，武汉市对学生的户籍要求放松了，只要交借读费就可以就读，所以他一直是在武汉市上学的。

  初中的时候父母对教育考试制度的了解也提高了许多，他们也逐步提高了对我的学习要求，远程监督我的学习，每天都会让我说明当日的学习了什么还有错误什么我的处理方式，我也在慢慢的学会了如何正确的处理问题，学习上也更加的自主，我不会再需要爷爷或者叔叔来帮我检查作业，我可以很清楚的确定哪部分我可以做对，哪些我做错了或者不会做，而且我还学会了如何在短时间内找到正确答案，我不会故作忸怩的不去问，也不会害怕承认自己的不足。

觉得父母亲十分的残忍

  暑假开始的时候爸爸妈妈就和我进行了未来学习的专门安排，我还记得那时候妈妈说初二是关键的一年，如果这一年基础没有打好的话就不能考上好的高中，未来也不会有机会考上重点大学，所以家里人一致决定取消我在初二和初三的一切出行计划，一切以中考为目的，并提出如果我能在中考能考上市一中及其以上的高中，我就可以选择一个地方游玩或者是其他的要求，但是如果没有考上的话，一中以下的高中是很少有可能考上一本的，所以就不会让我上高中，就直接去学技艺就业了。我当时觉得父母亲十分的残忍，为什么要对我如此的严格，一中以外还是有好多人选择了别的高中，为什么我就不可以。但是父母只回答我一句话："你是你，只要你是我的女儿，你就要按照安排来做事。"所以我在去武汉的第二天就买车票回了武穴。那个暑假我到处疯闹，故意不按时回家，让家里人到处找我，特别叛逆，但是开学后我还是选择了安心学习。我那时候开始意识到，我要打破家里人的束缚，就必须长大，但长大了如果没有接受好的教育，未来的人生还是会有更多的困难。所以，从现在起我就要好好的努力学习，考试争取提高分数，开始重视考试的排名。但是，心理上压力较大，每次考试的时候，我都会失误或者是考试前没能静心复习，总是担心会考砸或者是睡过考试，所以初二的时候一直是"千年老五"。

快点把饭菜摆好

初中三年，我的班主任一直是文老师。我那时候十分喜欢数学，成绩也比较拔尖，所以老师很是注意我。文老师从我初二一年的表现中也看出了我的潜力，直接任命我为文综课代表，负责学习委员的工作。初二的时候，我有点傻气，只知道学习，因为家里不管是爸爸这边还是妈妈那边，和我一辈的都是男生，所以我和男生处理关系都很爷们，反而女性的朋友较少，只有几个知心的闺蜜而已。妈妈和我说，知心朋友几个就行了，真正的朋友是不求同甘只求共苦的。所以，我那时候对朋友要求不多，随心走。和男生走的较近，就会有一些风言风语。毕竟和我玩的好的男生们大多比较有特殊的地方，不是学习较好，就是运动好，性格也十分受女生们欢迎的那一种，所以就会引起一些女生们的嫉妒。说真的，我那时候好像只有学习、动画片以及美食可以吸引我的眼球。情爱、魅力什么的，我真是一点都不清楚。

　　家里离学校也就三百米的距离，阳台可以很清楚的看到大门。那时候，奶奶最喜欢的事情就是在我快要放学的时候，从阳台看放学回来的人群中我的身影。我那时候很心疼奶奶，总是会一放学就把要用的东西全部装到书包里，飞奔回家，奶奶那时候眼睛还不错，总是会很骄傲的和爷爷说，慧慧回来了，快点把饭菜摆好。在家里奶奶做主要的家务，爷爷就是做些辅助性的事情，家里一直比较和睦温馨。我家是四楼，有一次楼道的照明灯坏了，这种情况持续了一个月，物业也一直没能来解决，平时就是晚上下自习后，我在楼下喊家里人就会出来接我，由于叔叔们有工作聚会之类的事情，所以这项任务就落到了奶奶身上。天冷了之后我就不愿意奶奶下楼来接我，我和奶奶协调说只用开门等我就可以了，而且那时候我的视力不错，黑夜中看东西也比较好，上楼已经可以闭眼就可飞奔了。奶奶一直不放心，后来居然还帮我计时。

在路上争着背古诗词

　　男孩子们总会开一些玩笑，对于我这个哥们他们当然也不会放过。有一个同学就住在我楼上，他那天和另一个男生放学很早，就在楼道里等我，而且是想装鬼吓唬我，我一直很大胆，从来不信什么鬼神之说。但当时我没有任何心理准备，他们在我像往常一样飞奔上楼的时候，突然给我来了一个前后夹击。我当时哭泣不止，吓的坐在地上不敢起来。男孩子们也被我的反应吓坏了，本来只是想和我开个玩笑，没想到如此的严重。接下来的两年里，他们都自发的送我回家，虽然我原谅了他们，但他们说已经习惯了，而且大家还可以一起讨论题目。我们会在路上争着背古诗词，或者是接故事。现在，大家在不同的大学，但还是经常联系，友谊地久天长。

这一问让我哑口无言

初二最后一场考试之前，文老师又将我叫到办公室谈话。他说，我平时学习很努力这点是不可否认的，但是成绩总是一个科目明显提高，另一个科目相对下降，说我不能将成绩保持平衡，学习方法存在一定的问题。他还让我将自己的学习方法详细告诉他，为我一条一条分析。当时，老师直截了当的提出了我学习中的弊端：不会兼顾，优势学科不发挥，弱势学科不提高，不能长期保持。我还记得我当时的反驳，说时间有限，很想兼顾，但根本不行。老师反问了一句，那你娱乐时间有多少，课间时间和放学回家后的时间有多少是用于学习的，这一问让我哑口无言。

虽说在学校里上课比较认真，但课间我从来没有去复习和预习，总是会吃零食或者是和朋友们聊些没有意义的话题。放学回家，也只是将作业和参考书做完后，就看动画片或者出去逛街，时间浪费十分严重。在我离开办公室的时候，老师说如果你再不明确方法，真会与你的目标背道而驰。从办公室出来的时候，我忍着泪水，心里很不服气。所以，在考试之前我真的是什么时间都用在了学习上，也不再理会周围的闲杂事情，结果那一次的考试是我考的最好的一次，班级第一，年级第三十三名，一下子成为了年级里的名人。老师们总会问，是哪个学生一下子考的分数，打破了小班垄断前五十名的传统。文老师自豪地说，这没什么，将来他的班会有好几个都会进入前五十名，这一句话在初三的时候变为现实。由于我的名次突然提高，以前和我玩的好的朋友也不甘落后，我们在一起，你追我赶，在初三疯狂的学习和备考。

那时候，中考除了靠文化课以外，还有 60 分的体育考核成绩，我参加体育活动较多，但是只是小玩小闹，真的考试起来，得分不会帮助我太多。当时，文老师对我们说这 60 分最少要拿 55 分才可以，要不然会在排名中拉后腿。我当时最怕的就是 3000 米跑步，那完全是要我的命。可是在每天的锻炼坚持下来后，我体育中考这一项，居然最终得了满分。

用专门的本子记下来我的错误

我的学习方法比较笨，那就是多做题，多问问题。语文和政史地我基本上是凭借着每天的一次又一次的背诵，数学我比较擅长于方法的运用，基本上我会用专门的本子记下来我的错误和讲解的各种方法，长此以往，我拿起一道数学题，脑海里就会马上出现好几种方法供我筛选，做题自然会一次比一次快，初二才开始学物理，初三的时候再多学一门化学，刚学物理的时候我只是感兴趣了几天，就渐渐地嫌学物理要记好多的公式和东西不好掌握而有点在内心中排斥，物理老师和班主任文老师之间有过沟通，所以总是会点我的名字让我去黑板上演示习题，后来我渐渐地认真学习物理。我特别喜欢化学和生物，觉得很神奇，那些试管和液体都让我觉得使用起来特别的高大威风，那时候会很乐意花很大的力气背各种质量守恒方程式。

以前考试要来的时候我就会很烦躁，觉得好多东西都要复习，也不知道复习什么是最快捷和高效的，总是会在考试中和考试后很后悔当初为什么就忽略了这一知识点。初二之后在与班里成绩较好的同学以及老师的讨论中，我也得到了许多的启发，不再为了考试而考试，会用一种平常心去面对考试。基本上每周都会有一些小型测试，实际上可以将每次测试都当作是对自己近期学习情况的一种考察，在中考之前尽量的找出自己的不足，尽早地解决。所以努力学习每一天，稳扎稳打，做好笔记和错题纠正，考试前重点复习，考试的结果一定会让你很满意。

高中：友情是舒缓压力的快效药

初二成为班级第一后，我就一直稳居第一了，中考也就无悬念的考进了市一中，考进了市一中，在我们那里，可谓是进入了大学的保险箱，只要好好学习一般最差也能考到本科，年级前两百名，就有很大可能考入国家和湖北省重点大学。

市一中离我家就相对较远了，但是由于我学会了骑自行车，一般半小时就可以到学校了，而且学校的住宿条件有限，一般是乡镇考来的学生才会选择住校。由于学校的学生都是来自市内和乡镇的成绩较为优秀的学生，所以高一刚进学校的时候，我觉得压力很大。和初中的舒适环境完全是格格不入的，我还没从赢得中考战役的喜悦中缓和过来就马上要进入一个完全陌生的战场，我很是低落。

爸爸妈妈这时候还是效仿初一下对我的做法，三年都不许有出行计划，由于回来吃饭时间花费较多，所以我就要自己拿钱负责自己的餐饮，还必须每日汇报自己的饮食。真的是一举一动还是被远程监控。

文科还是理科举棋不定

高一的时候物理就给了我一个很大的难题，我上课完全跟不上我的物理老师。据说学校在我这一届改革，师资配备是随机的，而我所在的班级据说老师都是学校的重点老师，物理老师还教奥赛班的物理课。我们班的物理考试还和其他班级分开，由老师专门出题，所以分科考试之前我的物理最高分是 67 分，这还是我唯一一次的及格分数。与初中时期我优秀的物理成绩形成了一个明显的对比，让我骄傲的心不能接受。我会在下自习回家后还多做一些物理习题，多看物理分析书，但是成效不高。由于心情不好，我的其他科学习的状态也不佳，爸爸妈妈因为小时候家里穷，读到初中毕业就外出打工了，所以在我学习上也显得力不从心，但是妈妈还是会说，我家慧慧初中的时候就很不错，这还高一，没关系，慢慢习惯了高中的学习就会考好的。堂哥们也会在自己功课做完之后，到我家来帮我看作业和习题册。

高一下分科考试的结果出来了。我的文科成绩明显高于理科，但是我的化学和生物成绩都是学校单科排名前几位，但是物理差的太狠，班主任和负责分科的老师也对我选择文科还是理科举棋不定。未来，我的物理成绩是否会提高还是一个未知数，家里人也不太敢为我出主意，他们担心选择错了，会影响我的一生，而且我的未来还是一切未知。我当时是很想选理科的，但是一想到让我头疼的物理，我就会害怕。市一中一直以来以理科著名，每年高考优秀的学生，也大多是理科生，读文科总觉得会不受重视，将来就业什么的，也会比理科选择面小的多。还是爸爸最了解我，他知道我比较喜欢成功的感觉，只有有人认可我，我才会前进的更快，一直的打击会让我承受不住。他当时就为我分析选择文科以及理科的利与弊，最终，我选择了文科。现在，我还是在文科院校，比较轻松但又能让我学习的很满足。

闭上眼睛展现不一样的世界

分科后，我进的是年级中的不成文的文科重点班，老师也是相当的有经验。许多人说文科是女生的天下，其实，高中三年及最后的高考，我还是在班级里落后于一名男生。他是我见过的最坚强的男生，疾病没有丝毫削弱他的学习能力和毅力，他一直都在与命运作斗争。我和他也因为学习上的竞争，成为了至今还关系较好的朋友。

高中真的很累，但是乐趣也不少。我们会唱诗歌，办话剧，学习上也是你追我赶，那些在许多人眼里看起来十分无聊的历史事件和政治课本，都能成为我们早读和晚自习前大家之间进行比赛的工具。只有熟记这些看起来枯燥的东西，才能在答题的时候有观点，我们知道这一经纬度靠近什么地方，应该会有什么人文风光，或者是什么自然条件。

背历史，我们熟知中华和世界的前世和当代；读政治，我们从哲学向经济制度的高山攀登；看地理，世界和宇宙万物在我心中，闭上眼睑即将展现不一样的世界。

文科也可以很有乐趣，文科也可以学的同样出色。第一年高考我由于紧张还是发挥的不是太理想，那一年考题也相对较难，班里也没考的很好，我也只考了551分，这与我平常的测试成绩相差较大，但班里最高分也只有562，当时老师都觉得这一届的学生怎么啦！而且那一年是湖北省填志愿改革的第一年，实行五个平行志愿，还有服从调剂的选择，这对于我们这些不懂政策的人来说很容易失误，我就是这样，当时一本线是543分，我认为自己进武汉的一般的大学还是可以的，而且听别人说第一个平行志愿可以冲一冲，第二个志愿再保险，所以我就填了一个当时父母认为不可能的学校，结果肯定是落了，由于全部没有选择服从专业调剂，而且那时候武汉的八所高等院校的最低提档线刚好是551分，我填了后三个学校在审核完的时候，才从我报第二个志愿的学校那里看到了我的材料，由于没有服从调剂，最后没有一个学校选择录取我。

全校最优秀寝室

选择复读,完全是被逼无奈的选择。我不甘心,家里人也没有一个人甘心。和妈妈关系较好的一个阿姨的儿子,在睿升中学复读之后,由以前的大专提高到了一本,所以妈妈将我带到了睿升。去睿升的时候,那一届的学生已经开学半个多月了,复习了半个学期的东西,因为下一届是新课改,所以还要上新书,但总体可以跟的上。复读要求住校,每周六中午校车送回家,周日下午接回学校上晚自习。学校处在郊区,周边商店很少,也很难出校门,校内没有商店,全封闭式的学习方式。

第一次住校,而且同寝室的其余5个女生都是武汉本地人,就我一个外地人,虽然从小在武汉呆过很长时间,但还是不太习惯。同是天涯沦落人,我们相处的很融洽,除了少数的几次吵架外,一年中,大家一起吃喝学习,互相帮忙洗衣服,家里人带来吃的,我们也一起分享,大家像姐妹一般。最终,高考录取结果出来的时候,我所在的寝室6个人,都相比第一次高考分数提高了许多,四个一本,两个二本,据说是全校最优秀寝室。我们当时不相互猜忌,大家之间良性竞争,而且心态很好,所以才可以在高考上发挥的很好,我们都打好了这一场艰难的战役。

经历了高四的我,越发觉得良好的心态的重要性,只要你相信自己,忍受得了寂寞,会自我调节压力,遵照学校的学习安排,辅助自己的空余时间的补充学习,一步一步来,我相信所有的人都可以在高考中教上一份满意的答卷。友情是舒缓压力的快效药,和朋友在一起努力时间也会不知不觉中度过。

高中生涯是人生难忘的一部分,在高中的时候尽量的利用自己的大脑,尽可能的开拓自己的存储能力,我相信这时候的记忆会为将来的学习和生活存下一笔宝贵的财富。

大学是人生最美好的阶段

高考后分数出来把家里人吓了一跳,因为在复读的最后几次测试中我考的都不是很靠前,只是年级前五。我当时进校的时候,是复读生中唯一过一本线的,家里人暗中为我着急,但又怕影响我心态,一直没问过。分数出来后,清华和北大的老师都给家里打了电话,老爸当时就直接让我报北大,认为文科生去北大相比清华要轻松一些,而且北大的人文素养一直是全国有名的,我当时也很坚决的选择了北大。

现在,在燕园待了将近两年了。从大雨中在校园里到处找寝室的小女生,到现在可以自信的给来北大的游客指路,我觉得燕园已经成为了我生活和灵魂的所在地。在这里,我可以得到有名师的细心教导,可以选择众多感兴趣的通选课,加强对世界的了解。进入北大的学生都是全国各地的优秀学生,任何一个看起来普通的同学,也许就是多项国家奖傍身的学霸。这,也让我学会了谦卑和尊重。北大的学习和高中时候的学习,完全不同。学习更加的自主,老师不会严格的要求你,所有的压力都源于北大人的奋斗。以前一直成绩优秀、老师关注的焦点,现在是一个普通的个人,这种落差在大一上的时候特别的明显,那时候总会打电话回去和父母哭诉。现在,我已经习惯了自己的奋斗,也与同学渐趋熟悉,由以前被动的交朋友到主动的去参加各种活动,了解更多的区域。北大图书馆是一个不错的地方,在那里,可以一天都在看书,而且周围也会有很多的人一起,觉得很是满足。

现在的我,是北大平凡的一个个体,但我会不断的学习和充实自我，让平凡的我也有闪光的地方。毕业会从事什么，我现在还在探索当中。大学是人生最美好的阶段，我现在还在不断的努力，多参加各种活动，在其中找到自己的优势和爱好。我相信自信的我将会找到自己的一片天空，任我翱翔。

  人生的一切掌握在自己的手中，要想在老去的时候不因回想往事而后悔，那么，就趁现在，好好的想一下自己到底在追寻什么。没有目标和信念的奋斗，只是在浪费时间和精力，所以想一想自己内心到底在渴望什么，自己想成为一个什么样的人。想好之后，就开始你的征途吧！我相信，在这条道路上一定会有志同道合的人与你一起前行。

  如此平凡的我，来到了如此不凡的地方。我相信只要大家一直坚持下去，未来一定会更加的美好，或许，不久的将来，我们会相遇在未名的某棵银杏树下呢！从现在起，在内心为自己种下一个不凡的我，不久的将来，那个不凡的我就将成长为未来的你！为理想而奋斗！

专家点评

王惠同学的成长,充满着曲折,但越挫越勇的强大内心,支持着这个弱小的小姑娘,迸发出常人难有的坚韧、果敢和勇气。如同她文中所提的那样,"如此平凡的我","坚持,未来一定会美好"。在学习上,王惠同学没有太多的技巧,但"用专门的本子记下来我的错误"、"我的学习方法比较笨,那就是多做题,多问问题",用到极致,也是最有效的武器。另外,王惠同学的案例,也给偏科的同学一些启示,做不到全科优秀,根据自身情况,合理选择文理科,也能在高考中,考出好成绩,进入好学校。

陈晨 / 清华大学建筑学院

所获荣誉： 大一至大三连续获得学院奖学金

毕业学校： 上海市实验学校

高考成绩： 630 分

最喜欢的三本书： 《福尔摩斯探案集》《傲慢与偏见》《君主论》

最喜欢的人： 周杰伦、清朝皇帝雍正

父母职业： 工程师

座右铭： 书到用时方恨少

一句话形容清华： 清华是一个满是学霸和大神的园子，我只希望自己做一个快乐的学生

不忘初心　方得终始

▏学会用双眼去看世界

　　成长于一个工程师家庭，我的童年和少年接受的教育是理性远远大于感性的。从来没有和爸爸妈妈说过"我爱你们"，也从来没有和他们有过拥抱亲吻，但是，我无时无刻不能感受到他们对我的爱。他们对我的衣食住行无微不至的照料，他们对我的性格塑造和智力发掘，他们教育我的情绪管理和发泄方式，这些，都告诉了我他们很爱我。

　　外公外婆一直照料着我长大。外婆是急脾气，在我这儿却总是温柔如水；外公的碎碎念，总是让我烦恼又哭笑不得。老人们给了我生活更多柔情和慢节奏的思想，也让我学会了用双眼去看世界，用心灵去感受生活。

　　老师们教给我的不只是一门一门的知识，更是做人的道理，做事的方法，学习的技巧。学校里的小伙伴们，有些最终成了我人生路上的旅伴，直到现在，我们依然是那种互相可以 share life 的好朋友。他们让我学会了与他人相处，为他人着想，也让我学会了分享。

我出生于江苏扬州。幼儿园毕业后，跟着爸爸一起来到上海，一开始的不习惯渐渐演变成了对上海的极度喜爱，但是害怕自己在上海居住时间太长，反而开始讨厌这个城市，我最终选择了来到北京读大学。在清华的这三年，我的收获非常多。不只是学业上，更是从一个爸爸妈妈呵护备至的乖乖女，成长为了一个可以自立的女生。我学会了洗衣服，换床单等技能，这些能力，并不是对爸爸妈妈对我前十八年教育的否定，而是让我从另一个角度完善了自己。

幼年：我开始相信自己的审美

小学之前，我们全家在扬州。我和妈妈、外婆和舅舅一起生活，爸爸在上海工作，外公在国外搞基建，总是见不到他们俩。妈妈和舅舅每天都要上班，白天只有我和外婆在一起，但我长得快，到了三岁，外婆就有点带不动我了。于是，提早了一年把我送进了幼儿园。

妈妈不要我了

第一天上幼儿园，是充满了痛苦和哭泣的一天。现在我都记得我一个人站在铁栏杆后面撕心裂肺的喊"妈妈不要我了！"的场景。哭喊了很久很久，直到一个老师过来把我抱进了教室，这是我们幼儿园的数学老师。

幼儿园没有语文数学课，但还是有两个老师，分别教语文和数学。数学老师级别比较高，在我们班呆的时间也比较长，她很喜欢我。但语文老师特别不喜欢我，从小到大的数学老师都很喜欢我，语文老师都不是很喜欢我，可能这也造成了我对数学的喜爱和对语文的鄙视。总之，数学老师是个很有耐心的女性，她很温柔的对我们，我们犯了错误她也会轻轻的和我们说道理。幼儿园教的无外乎就是分组搭积木、玩游戏等。

但是学校还有规定，每周都有一天要在下课之后留下来上兴趣班，兴趣班有美术、音乐和舞蹈等，我从小喜欢乱涂乱画，于是就选择了美术班，上课的时候就要留到六点钟才能放学。不过我一直都很喜欢上美术兴趣班，妈妈也特别支持我，在商店里看到好看的文具也会给我买，当时我有全班最好的水彩笔，是一次我们出去逛街的时候，我在专柜看到了这么一盒超级大、颜色特别全的彩色笔，当时就走不动路了，但是因为挺贵的，妈妈不是很想给我买，我当即就在地上滚来滚去，边滚边哭。最终妈妈终于同意给我买了，这盒笔我用了整整3年，可能我的笔比别人都好也是我喜欢画画的原因之一。其实现在反思，妈妈当年的做法也不是那么正确，虽然那是一件我特别喜欢的东西，她给我买了让我开心了好久好久，也省去了我很多羡慕别人和觊觎好东西的时间和精力，但是这也从一定程度上让我学会了攀比，小孩子的攀比虽然很幼稚，但是长大之后可能就会造成很多不必要的开支。

瞄上了电子琴

小时候爸爸妈妈并没有强迫我学什么乐器，直到有一天我看到幼儿园班级里的小伙伴会弹古筝，特别崇拜她，但是我又不想和她学一样的东西，就瞄上了电子琴，回家就天天和妈妈外婆吵着要买电子琴让我学。她们被我吵了一个星期终于答应了，花了好多钱买了一台电子琴,还给我报了个班让我周末去上课,老师说我手指长,很有天赋,但是练琴特别辛苦,有时候还要放一个鸡蛋在手心里弹琴,结果上了几节课我就不想去了,每晚我都看着钟,一到要练琴的时间就准时躲进厕所声称我肚子痛。几天之后外婆发现了我的猫腻,她问我是不是真的不想学了,我刷的就哭了,说我真的觉得弹琴好痛苦啊,不想干了。外婆就决定不让我学了,也把电子琴收在了床底。那时候觉得不用学琴了真开心,但是现在我特别后悔特别怨念自己没有一个精通的乐器,需要才艺表演的时候就总是没有我的份,虽然小时候不强迫我是好,但是我觉得小孩的思维毕竟比较狭窄而短浅,在孩子的成长阶段大人如果能够起到帮助孩子定方向的作用,让孩子掌握一些技能也挺好的,不但能锻炼孩子的坚持能力,也能培养孩子的文艺素养,我现在就总是觉得自己这么没文化一定是因为小时候没好好学琴。

不要给老师骂你的机会

幼儿园的数学老师特别喜欢我,她觉得我很聪明,有什么机会也会第一个想到我。有一次有一个舞蹈表演,老师选中了我和其他几个女生做领舞,要知道幼儿园时候我就已经胖乎乎的了,而且柔韧性也特别差,但是老师本来就喜欢我,她觉得我脑子好,学得快,就偏要让我向其他女生学。我们就经常在中午一起练舞,后来表演的效果还挺好的。在中午练舞还能逃过午睡,这让我很窃喜,因为我特别讨厌午睡,总是睡不着,当时老师安排两个人睡一张床,我就总是影响和我一起睡的小伙伴,拉着她陪我聊天,每天一起睡觉的小伙伴都不一样,但我每天都拉着我的床友和我聊天,语文老师特别生气,就让我出去罚站,我不知道她为什么一开始就不喜欢我,但是这次我知道因为我自己不遵守规矩还影响别人。回家我很委屈地和妈妈说了这件事,妈妈也批评了我不该和同学聊天，但是她和我说，下次睡不着就看天花板或者自己数数字，老师过来就装睡，不要给语文老师骂你的机会。我听从了妈妈的建议，幸福平安的度过了幼儿园时期的午睡时光，累的时候还真能睡着一会，睡不着就想想心事，在心里骂骂语文老师，时间也就过去了。我觉得妈妈给的建议实在太棒了，让我躲过一劫不说，也养成了我良好的心态，其实当时我和她说是想让她能去和老师说说能不能以后不让我午睡了，但是还好她没有让我成为一个特殊，让我明白了规矩是要遵守的，如果规矩不合理，就想办法在规矩下生存，就像高考作文一样，评分标准就是那样的，想要得分就要努力跳好戴着镣铐的舞蹈。

我觉得总体而言，我的幼年时光过得特别快乐，非常随心所欲，自己想做什么就做什么，想要什么基本家里也会满足，非常幸福，发展了我的天性，也让培养了我独特的性格，我开始相信自己的审美，想要与众不同，走自己想走的路。而且其实也学了不少东西，虽然由于我的贪玩和懒，大多只学了皮毛，但是这样一来，将来如果想要深入发展这些兴趣爱好也会轻松很多。

小学：一直把这个校徽放在台灯上

幼儿园毕业后，我和妈妈就追随爸爸来到了上海。这是一个充满了摩天大楼和新奇事物的城市，也见证了我的成长。

我的小学是家门口一家新建的小学校，老师都是新招的，学生也是。由于我缴了5000元的赞助费，进了好的班级，于是，给配备了最好的师资，每天还有一节外教课呢。二年级开始，每年都有一个新外教来给我们上课。外教都是美国人，有男有女。课上，外教教我们唱英语歌，玩猜词游戏，排情景剧，到了圣诞节还会组织一个盛大的晚会，让大家表演节目。每年每个人都会参与一个节目的排练，给大家表演，还会有好多好吃的。小学的时候，我们的生活处处和西方接轨，每年万圣节，还会有同学在家里举办万圣节party，邀请大家一起去玩，很有意思。

我总是班里第一个算出来的

小学里，最喜欢我、也是我最喜欢的老师是数学老师。老师总是会喜欢学得好的学生，而我总是会喜欢喜欢我的老师。由于外婆在我小时候就一直教我数数字，我对数字很有感觉，数学学得很好。当时，最喜欢做的就是口算了，我总是班里第一个算出来的。有时候数学课上老师让我们分组比赛，和我分在一组的同学会特别高兴，因为我们总是赢，几乎每个问题都是我回答的。有时候，我还会悄悄的告诉不和我一组的好朋友，答案是什么，让她们输得不要太惨。当时，我特别懒，喜欢数学的很大原因，可能也是做数学作业写数字就好了，因为写中文很费时间。后来，学到用方程解应用题的时候，因为要设未知数，最后还要写答句，平白多写了两句话，我就觉得这种方式很不好，坚持死脑筋，坚持要用纯数学方法算出来。老师和我说了很多次要用方程，但仗着她喜欢我，而且我用数学方法也能算的比别人快，就一直没有改掉这个习惯。当时，有一个男生成绩挺好，他从小认字很多，大家遇到不认识的字都会问他，而且他也很聪明，和我住在一个小区，有时候放学会一起回家，路上聊聊天什么的。我对他还挺有好感的，但小时候好像表现好感的方式就是和他过不去。反正，我们经常比谁写作业写得快，那时候3～4点最后一节课是用来写作业的。老师坐在前面，写完了可以给老师看，我们就叫着劲，比谁先写完。但这样追求速度的习惯，也让我的字写得不太好看,有时候也会粗心。数学老师老是告诫我要细心,但我已经粗心成了习惯。曾经登峰造极的后果是,由于粗心,考试只考了 53 分,没脸告诉妈妈,还偷偷替她签了个名。被发现后,出乎意料的没有被一通臭骂,妈妈和我说了一些道理,让我诚实,敢做敢当。

幼儿园的时候,我学习了几年书法。进了小学,学校规定书法是必修课,每周五下午要学书法。一开始,我就觉得挺没意思的,因为我的基础已经很好了,觉得老师教的那些东西太简单了,去学没有意义。但时间久了,我练习的少,有些同学非常勤奋的练习,有些课后还找老师一对一上课,进步非常快。有时候,老师会在课上表扬他们,我有些心里不平衡,和妈妈说了。她问我,想不想好好练书法,我说觉得挺没意思的,妈妈让我放平心态,自己没有多花时间在上面,就不要嫉妒别人的进步。那些同学中有几个直到中学还在一直练习书法,应该水平已经很高了吧。

画了一幅大公鸡给他祝寿

小学时候妈妈坚持不让我出去上课外班。有一个我们小学自己办的剑桥英语学习班,还是我看到很多同学都上,吵着闹着才报的名。后来,每周都自己屁颠屁颠开开心心的去上课。但因为我喜欢画画,妈妈给我找了一个老师,每周末去他家学画画,学了素描和水墨画。外公 70 岁生日那年,也就是我 10 岁的时候,我画了一幅大公鸡给他祝寿。

一直以来,妈妈都不在意我培养什么所谓的特长,除了画画。我从幼儿园开始学习,小学也断断续续学了四年多,初中因为课业压力大没有学,高中又学了三年。虽然,我的绘画水平并没有达到怎样的高度,妈妈也觉得考证没有意义,于是我也只去考过一个水墨画的四级。但学画画的过程真的很修身养性,花三四个小时在一件事情上，对于现代社会真的挺难得。画画让我能坐得住了，一幅画一但开始了，就不能停，即使累了，去吃个面包，回来也得接着画完。而且，一幅画完成之后，老师立马会来给出评价，好或者不好，老师一下子就能看出来。有时候，为了让老师夸一句，就要非常小心仔细的画整幅画，很累，但很值得。这时候，妈妈总是全程陪伴我，一去学画，就要花掉半天，妈妈在这半天里什么都不干，陪我坐车来老师家。我画画的时候，她就在旁边看报纸或和别的孩子的家长聊天，上完课，再陪我回家。我觉得她特别辛苦。

要的都是些不值钱的东西

整个小学阶段，我的成绩都挺好，爸爸妈妈也总是鼓励我。二年级之后，外公外婆来了上海，为的也是给我烧好吃的，让我专心学习，也给爸妈减轻负担。他们总是许诺我考了第一名有什么奖励，考了双百分有什么奖励等。小时候也傻，要的都是些不值钱的东西，比如巧克力。（现在听到舅舅答应表妹，考上一个好中学的奖励竟然是去欧洲旅行，顿时觉得自己好亏呀！）

数学老师也会鼓励我们。有一次考前，她在班上说，谁数学考了满分，老师请吃肯德基。结果，那次我真的考了满分，周末去上英语班的时候，就有一个陌生女子递给了我一包肯德基……后来才知道那天数学老师有事情就请朋友特地过来一趟给我送吃的，特别感动。小学阶段的学习没有什么技巧，我感觉自己只是比别人多花了时间，看书看得次数多了成绩就是会好一些嘛。

悄悄地给了我一个清华的校徽

其实，也正是数学老师的鼓励，让我萌生了考清华大学的想法。我们二年级的时候，有一次她去北京出差，回来的时候，给我们带了一箱冰糖葫芦和果丹皮，在数学课上分给我们吃。数学老师给我们讲，她在北京的所见所闻，我顿时觉得北京是个好地方，东西都好吃。后来，我去她办公室的时候，她悄悄地给了我一个清华的校徽，说自己没买几个，让我藏好了，还和我说，她觉得我很聪明，好好学习，一定能考上清华大学的。这是我第一次听说清华大学这个名字，回家搜了一下，才知道清华是全国最好的学府。虽然以前我也知道要好好学习，但从来没有一个目标，现在我知道了，我好好学习，以后就可以去北京，就可以去清华读书。我一直把这个校徽放在台灯上，每天开始学习前，都能看到它，学习累了抬头看看它也会多一些动力。

我觉得小学阶段学的知识对以后的学习并没有太大的影响，因为这5年学的东西真的是很少的，但是重要的是学习态度的养成，就是要明白学习这件事对自己的未来是很重要的，另外就是性格的培养，把孩子培养成一个有目标有毅力的人会对将来很有好处。

初中：同学们都是努力考进来的

小学毕业之后，我考取了上海市实验学校。上海的初中是四年制，小学是五年制，而实验学校的初中只需要读3年，读完后直升到本校高中部，是全市唯一一所教育部直属的中学，也有很多特权。实验的初中是全市数一数二的，教材是自己编的，师资非常年轻但非常优秀，高中部却没有那么出色，没有跻身四大名校之列。我入学那年，高考成绩是全市第五，不过后来就越来越差，渐渐到了十几名。

担心我接受不了住宿的生活

在选择初中的时候，我们全家做了很久的思考，当时去了很多中学考试，几乎都录取了，比较好的有两所，上海市实验学校和上海中学的附属初中华育中学。实验的学费低，学制短，而且离家近，但是初中毕业不能考出去，只能在本校读；华育有一定比例的学生可以升入上海中学，是上海最好的高中，但它在浦西，离我家很远，需要住校。走读的话，每天要花两三个小时在路上。之所以选择实验，一方面是因为我在家一直被大人们照顾的很好，小学的时候，每天早上都是妈妈把我叫醒，在我睡眼朦胧的时候，给我穿好衣服，热好早饭，然后把我推出家门，和楼上的同学一起上学。什么家务都不会做，自理能力特别差，爸爸妈妈担心我接受不了住宿的生活。而且听说，住校会对成绩产生很大的影响，很多成绩好的孩子，住了校会受到室友等的影响，成绩一落千丈。

另外，我自己也希望能少读一年是一年，何况一般初中的初三年级，也只是炒冷饭，复习初中阶段的学习内容，迎战中考，并没有什么教学进度。于是，就选择了实验学校。我们每个年级只有两个班，师资都是一样的，不分好坏。

和以前的生活真是天壤之别

刚进初中的时候，觉得挺不习惯的。首先是，有时候同学之间说上海话，我会听不懂。因为我幼儿园不在上海，错过了学习语言的最好时机，来了上海这么久，我能听懂上海话了，但一直都不会说。而且小学的时候，上海正好有一个倡导孩子们学普通话的风潮，小学各处都贴着"请说普通话"的标语，老师如果听到有同学在教室里说上海话，是要批评的，就这样，我一直没发现自己的这个缺陷。现在进了初中，虽然也有几个和我一样情况的孩子，但还是土生土长的上海人多。不仅同学之间下课会说上海话，有时候老师上课都会用上海话，这多少有点影响我的课堂感受。有些小知识点会听不懂，需要课下问同学，有时候老师提问用上海话，我用普通话回答，总觉得怪怪的。其次，因为教学进度特别快，老师说，因为我们要在三年的时间内学完四年的东西，必须快一点，课本都是边上边改的，作业非常多，一开始根本做不完，每天都要做到九十点钟，后来就练出来了。我做题速度本来就比较快，小学老师就老是说我图速度，老粗心，而且在中学老师的疯狂训练下，写字速度也越来越快了，有时候，晚上也能有点空闲时间看看书，或者去客厅跟着外婆看点肥皂剧了。再次，因为这是一个很好的初中，同学们都是努力考进来的，大家都知道要好好学习，不像小学那样，很多男生每天回家根本不做作业，而现在大家都认真做作业，都上课好好听讲。不是我比别人时间花得多就能成绩好，因为没有多的时间让我用，当时我特别需要睡眠，每天睡不够七个半小时，第二天起床就大脑一片空白。

另外，还有一个问题就是交通。虽然，每天早上，妈妈或爸爸上班之前，能送我一程去学校，6：50起床就行了，但晚上放学，我需要自己回家，坐公交得坐一个小时，两边还得走，和以前的生活真是天壤之别，每天挤着公交回到家，感觉自己半条命都没了。有一天，我奄奄一息的和妈妈说，我不要上学了，放学路上累死了，而且人家老是用胳膊挤我，人家瘦子胳膊上没肉，我都是肉，特别痛！妈妈笑惨了，然后和我说，她一直觉得我站着的时候没骨头，软绵绵的，人家一推你就动了，人家当然一直挤你，这不是挤公交的策略。挤公交的时候，就要硬一点，人家挤你你不动，你比他还硬，他就不会欺负你了。我后来实施了一下，太有用，太有成就感了，甚至开始喜欢挤公交车了。

他觉得我考第一是应该的

随着时间的推进,我用了半个学期的时间克服了这种种的困难。第一个学期,期中考试后的一天,班主任,也就是数学老师,来班里公布分数和名次。我印象特别深刻的是老师说,这次的第一名大家应该能想到,然后,沉默了一会儿让大家猜。没有人说话,我在心里默默地祈祷是我,但是又暗暗担心,怎么会是我呢,因为刚开学的时候我的成绩并不突出,作业也没有做的多好,只是默默无闻的一个学生。结果,老师真的说是我,我可开心了。不仅因为我这次考了第一,更因为他觉得我考第一是应该的,这是对我最大的肯定呀,后来也自信了很多。我初中的时候,学号是一号,我一直以为这东西是随机排的,后来才知道,这是按照入学考试的名词排的,所以老师那样想是有道理的。不管怎样,我当时是很高兴!

老师让我做代理班长

初一的时候,有一天,爸爸和我说,去问问你们班每个同学的电话号码,我来给你们做一个通讯录。我也没问为什么,第二天就去挨个问了,有的同学还扭扭妮妮的,搞得像我暗恋他们似得,可无语了。后来,打印出来我给班里一人发了一份,大家谁家里电话变了也会在班里通知大家,让大家回家在通讯录上改一改。初中的时候,大家喜欢互相打电话问作业或者聊天,我觉得这里面有我爸爸的功劳。

刚入学,因为我学号的关系,老师让我做代理班长。他没有这样说,他说的是让我管理一下班级,可我天生愚钝,除了吃饭帮忙发筷子之外,都捧着一本《巴黎圣母院》看啊看,回家还很无奈的和妈妈抱怨,说老师让我帮他发筷子,我吃饭都比别人晚。

妈妈也没和我解释，直到开学半个月要正式选班干部了，老师让另一个女生当了班长后，妈妈才和我说。她说，老师不只是让你发筷子，还让你管班里纪律。听说你啥都不管，只管看你的小说。你看，班长没了吧！原来，妈妈从一开学就和班主任经常打电话，探听我在学校的情况……不过，我一点都不在意别人做了班长，我觉得管别人好烦，我只能管好自己。于是，初中当了3年学习委员，也就是挑个成绩最好的同学担任一下虚职而已。现在意识到，管理能力真的挺重要的，不仅是现在做社工，还是工作之后，蛮后悔当时没有好好锻炼一下自己。

因为成绩好，晚上大家都喜欢给我打电话问今天作业是什么，或者有些题目的做法。于是每天我都要花一个多小时在电话上。妈妈觉得很浪费时间，渐渐失去了耐心。有一天晚上到了九点，还一个电话都没有，我就开始觉得奇怪了，去客厅一看才发现，电话线被拔了，我去找妈妈。她还振振有词地说，她们老是给你打电话，太浪费时间，你看你以前写作业多快，现在每天除了写作业都没有多余时间了。我觉得还挺有道理的，但是还是让她有时拔有时不拔，不要让同学们发现。现在想想妈妈做的挺对的，给我节省了不少时间，虽然有时候，给别人讲题的过程中，我也能发现自己思维的漏洞，能把错误的解法改正过来。

觉得学校特别没有意思

到了初二，年级里有了入团的名额，我们班只有一个，老师让同学们投票选一个同学出来，因为我性格比较好，男生女生中人缘都很好，于是大家就推举了我，结果正在我开心的时候，班主任把我叫去了他的办公室。他说，XX是初一时候的班长，而且现在也协助很多班里的工作，她要是知道大家没选她，会很难过的，要不你就？我一脑残，就答应了。回到班里才开始后悔，特别难过，一个人哭也没有办法，因为一直都只有数学老师喜欢我，他还这样，我觉得学校特别没有意思。回家，自然也和妈妈吐槽了这件事，她会难过我就不会？她在意我就不在意？她也觉得挺愤愤的，但是还是安慰我，毕竟人家为班里做了那么多事，而且要不是有这么一茬，我也不会在意入不入团的，是不是？况且，如果老师不和你说你选票第一，直接把名额给她了呢，你还能怎么样。想想也是，虽然郁闷，后来时间长了也渐渐忘了这件事。最近，看到《爸爸去哪儿》里面，田亮让 Cindy 让 Kimi 先跑过终点的那段，大家都夸奖 Cindy 懂事，忽然发现，自己当时还蛮高尚的嘛。

初中的时候，每晚我做作业的时候妈妈都会陪在我边上，保证我认真学习，不再偷偷给同学发短信。她还教我制定学习计划，每到考试之前几周，她就会督促我制定复习计划，详细写出每天都需要复习哪些内容，还要有富裕的天数作为调剂。我觉得这个办法特别好，这样，考试之前不会手足无措。在别人熬夜复习的时候，我只需要按着计划把当天的任务完成，就能早早的睡觉了，保证第二天的发挥。而且，上考场之前能把所有内容复习两遍，总是信心满满。

高中：零志愿报考了清华的建筑系

由于初中成绩很好，所以很轻松地直升进入了上海市实验学校的高中部重点班，也叫理科班学习。班上的同学，大部分都是初中时候就认识的，有十几个是外校生，通过中考考进来的，还有四五个是实验的小学部一路培养上来的。这些同学在小学部只有4年（普通小学是五年），比我们都还小一岁，班上的年龄差距还挺大的。

你只是一个方面做的比别人好而已

其实，我心里挺看不起那些外校考进来的学生的，因为他们比我们大一岁，而且成绩没我们好，但妈妈总是说我。她说，成绩好没什么了不起的，你只是一个方面做的比别人好而已，不要因为别人成绩不如你就看不起别人。进入高中的时候，我们学校的高中部已经每况愈下了，高考在全市的排名到了十名左右，而且很多好老师都跳槽去了其他学校。

其中，有一个物理老师——刘老师去了华师大二附中，四大名校之一。我们班一个同学的妈妈认识他，就组织了很多同学在初三暑假去刘老师家里补课。刘老师讲课确实非常好，他提前给我们教了高一的物理知识，后来，我们开学之后学习就轻松了很多。我们班级的物理老师确实能力比较差，知道我们都在刘老师那里上课之后，他还总在上课的时候诋毁刘老师，特别令人发指。

高二下学期分科之后，我选择了加物理，一度还有几个加物理的同学集体找校长，请求换到普通班的物理老师那里去学习，不过他们后来高考成绩也比较一般，我自己高考物理连130都没考到，也没有资格评判什么。我的体会是这样的，因为在刘老师那里上课是补课，而且有时候，他还会穿插一些上海考纲里没有的内容，用来辅助我们物理竞赛的学习，但这样，使得我对这个课不重视。毕竟是课外的课程，暑假上课很密集，作业也不多，所以基础打得不很扎实，后来，学校里正式学这些知识的时候，我又觉得自己学过这些知识呀，我都懂呀，有时候上课就会开小差，看看小说，玩玩游戏什么的。到后来才发现，自己很多基本概念并没有弄明白，复杂一些的题目就做不出了，甚至一点思路都没有，倒不如不要浪费那个时间、精力和金钱，在上课时间好好听课，也许能收获更好的分数。

妈妈觉得这种做法很无聊

当时，我们班上有一个和我成绩差不多好的女孩子，她高考选了化学，现在由于都在清华，才渐渐熟悉起来，高中的时候，我们并不熟悉，很少说话。有时候，考完试我想知道她考的咋样，或者成绩出来了，我想知道她的分数就会让我们俩共同的好朋友去帮我打听打听，问到之后又要忐忑不安许久，直到排名出来。妈妈觉得这种做法很无聊，因为她认为，学习是一个人的事情，所以考试也是，并不是说别人考得不好，我就有了考砸的资格。她总是和我说，如果有多的时间和精力，不如多看几遍书，不要浪费时间在打听这打听那，反正最后排名老师也会在班里说的，大家都会知道，早知道几个小时不会改变什么。而且，打听别人的成绩被别人知道也挺难听的，让我别做这种事。我听了还挺愧疚的，但总也控制不住自己的好奇心。

接触到了穿越小说和言情小说

上了高中，妈妈觉得我长大了，应该自控能力变强了。于是她就不再陪着我做作业了，但是她规定我只有写完作业才能干别的，偶尔会来我房间看看我在干什么。于是，我就有了钻空子的可能。那时候我也不像初中时候那么单纯的迷恋世界名著了，在同学的介绍下我接触到了穿越小说和言情小说，顿时觉得好好看，经常性的在该做作业的时间里看小说，我会把ipod藏在笔袋里，听到妈妈的脚步声走进我就把笔袋一推装作在认真写作业的样子，但是这样之后我写作业的时间大大增加了，妈妈也觉得挺奇怪的。上高中后，外婆就去广州带舅舅的孩子了，我就一个人霸占了一个房间，周末的晚上我有时候就会钻在被窝里看小说，一看看到半夜三点，第二天中午才起床，还声称自己写作业写到了好晚好晚，需要睡眠，妈妈倒也相信了。看小说除了让我在看的时候很开心，有时候也会哭，也不开心，但是看完之后就什么也不会有了，非常浪费时间。妈妈每个月都会给我买英语杂志，每天回家后还让我花半个小时的时间听杂志附带的讲解光盘，在电脑上听。这半个小时我也没有好好利用，我总是会水人人，那时候还叫校内，或者上论坛顶贴，赚金币下小说，或者用文件分割器，把下好的小说分成 ipod 备忘录可以识别的小于 4kb 的文件。那时候，看小说的步骤多么复杂啊，但我还是矢志不渝、不遗余力创造条件看小说。虽然妈妈给我创造了很好的学习条件，她也教了我很多好的学习方法和技巧，但我没有好好地利用这些，挺后悔的。

画画是一件很容易让人有成就感的事情

小时候，我有过各种奇葩的梦想，比如做天文学家、化学家、法医学家，这些我都想过，也做了一些尝试。到了高中，在父母的引导下，我开始梦想着自己以后能成为一个建筑师，设计美丽的房子，名垂青史。因为建筑师要画图，我从初三直升的考试考完之后就找学校里的一个我很喜欢的美术老师，跟着她学画画。从初三一直学到了高三上学期，每周都去一次，素描和水粉都画得挺好的了，最后我也没有考上建筑系，这是后话。

这个老师特别好，上课的时候对我们很温柔，会给我们介绍很多流派很多著名的作品。我初中选修过她的绘画课，觉得她很有才，便去问她愿不愿意收我去她家一对一的学画。基本是每周六的晚上 6 点，我会背着画夹去老师家，每次都要 3 个小时左右，一次 100 元，老师很负责，总是让我多画很久。有时候到了九点半多，妈妈在楼下等着急了给我打电话，老师才让我快点结尾回家。她总是想让我多学点东西，还总是想着少收我点学费，特别好！我觉得画画是一件很容易让人有成就感的事情，而且老师就在边上，有什么错误她能及时发现，然后让我修改，于是，画出来的效果总是不错的。每次上完课，回家路上，我都要趁着等红灯的时候给妈妈炫耀一下当天的杰作，妈妈总是说她看不懂这些，但她的审美能力特别好，总能一眼看出我哪里画坏了。妈妈的审美能力，我也是最近才发现。中学的时候，每次妈妈带我出去逛街，总是喜欢给我买一些布料很好、样式中规中矩的又很贵的衣服，我特别怨念。因为我喜欢的衣服她总是不让我买，有时候我还会说她，就是舍不得给我花钱，然后掉一通眼泪。但上了大学，自己买了几次衣服后发现，我自己真的买不好衣服，看来看去，还是寒暑假妈妈给我买的那些耐看。

清华梦比建筑梦更重要

爸爸虽然很忙，平时也不太关心我的学习，但在高考前填志愿的时候，他特别积极地给我出谋划策。当时我参加了清华的自主招生，有20分的加分，但这20分不能用来选专业，只能用来进学校。另外，我还参加了同济的自招，拿到了预录取名额，也就是说我考到一本线就能上同济，而且还有5分的加分，用来选专业。虽然清华是我从小学以来的梦想，但我高三的成绩不是很稳定，如果硬要报清华，上线应该没什么问题，但估计就不能学建筑了，如果去同济，建筑系还是挺稳的。爸爸很认真地给我分析了一下优劣，他说，去清华的一个好处就是校友比较牛，但如果我以后想回上海工作，还是去同济比较好，毕竟上海这些设计院的领导大多是同济毕业的，你一个清华的来了比领导还牛，会不会被排挤就不好说了。那个时候，我还挺想留在北京的，权衡了之后，我觉得清华梦比建筑梦更重要，于是我就用零志愿报考了清华的建筑系，相当于选择了清华，放弃了建筑，高考分数出来之后，我也确信了这一点。不是没有遗憾的，毕竟我现在没那么喜欢北京了，感觉还是上海适合我，以后决定还是要回家去找工作，而且现在的专业是建筑环境与设备工程，和我本来设想的，充满艺术和情调的人生，估计是要相去甚远了。

清华是一个适合做梦的地方

现在，在清华园里呆了3年了。这里，确实是一个非常有学术气息的好地方，不时地会有一些讲座，新清华学堂也有很多话剧、歌剧、电影首映式等活动，票价便宜，还有学生特惠，所以，我们的课余生活很快乐，多姿多彩。

将来，我打算去美国读研，继续我的学习。如果可能的话，我想在研究生毕业之后去非洲度过一两年的时间，尽我所能，给那里的人们带来一些帮助。不过，这也是我众多不切实际的梦想之一了。

我有很多梦想，而我觉得清华是一个适合做梦的地方。因为有很多机会，让我们实现自己的梦想，有很多的可能性，等待着我们去尝试。

读陈晨的故事,我们发现:能考入清华北大的孩子,决不是书呆子,都有自己的爱好,喜欢读书、爱好阅读,几乎是这类孩子的共同特点。能考入清华的学生,不一定是学科上的全才,但通过优势学科,促进全科的齐头并进,在陈晨身上,体现得非常明显。陈晨同学的分享,在教师如何启发孩子、家长如何教育子女等方面,对我们有积极的借鉴意义。一枚小小的清华校徽,促使一个孩子最终走进国内顶尖大学,这是陈晨数学老师之前没有意识到的吧?但,就是这个举动,促使孩子产生了重大的转变!

后 记

能够考取像清华、北大这样国内顶尖高校,人数是不多的。因此,这些人便成了公众较感兴趣的群体。除了将这些人拿来鞭策、激励自己孩子,令其从小树立起效仿的榜样外,很大程度上的另一个重要原因在于:在当前教育体制下,这个群体,在多数人看来是成功的。

清华北大学子的成功秘诀是什么?他/她们有没有什么超长的记忆功能?有没有什么学习秘籍?他/她们从小到大的经历如何?有什么可供借鉴的经验?他/她们的家庭是怎样的?他/她们的家长在他/她们成长过程中,承担了什么样的责任,给予他/她们什么样的正确教育……上述问题,非但是读者期望知道的,也是我们多年来一直钻研的主题。

本书集结了10名清华北大高材生的成长故事。通过自述形式,让他/她们充分展现各自的成长经历、学习方法、家庭教育故事。十人十面,恰恰是每位同学不同的人生经历、不同的叙事;亲切、自然、真实。希望更多学子能从他/她们身上汲取力量，发奋进取。期望更多父母能以清华北大学生家庭为榜样，营造和谐家庭氛围，助力孩子考上更加理想的大学。"好人家出好孩子"，在此与大家共勉。

  本书的编撰过程中，得到了北京大学"北大学生在中小学阶段学习素质养成与成功家庭教育研究"课题组（"专攻北大"课题组）的科研支持，得到了课题组副组长安天剑先生的鼎力相助；得到了出版社综合编辑室李雪主任及其他工作人员的大力协助，使得此书得以顺利出版，在此一并致谢。

  由于编者的经验和水平有限，纰漏在所难免，恳望广大读者斧正。不过，我们相信这将是"成功家庭教育"系列丛书编委会一次非常有意义的探索，随后将有更多精彩的"家庭教育类"图书问世，为我国家庭教育领域略尽绵薄之力。

"成功家庭教育"系列丛书编委会
燕园双成教育
2014 年 4 月